別怕／
有我們在

太魯閣號事故紀實

編 著────慈濟人文志業中心

大災需要大愛

常說時間過得很快，但是四月二日太魯閣號事故發生後，內心難過，就覺得時間非常漫長。時值清明連假，許多人返鄉掃墓或趁假期出遊，那班從樹林開往臺東的列車上滿載乘客；然而在清水隧道口，一輛自邊坡滑落至鐵軌的工程車，讓列車煞車不及，瞬間追撞、脫軌。看著新聞畫面，聽著同乘那班列車的慈濟人重述當時，我心裡的悲慟難以言喻。

多節列車在隧道裡，即使受困的乘客冷靜待援，花蓮的醫療系統迅速啟動，及時搜救仍非常困難。慈濟醫院的吳醫師，平時即擔任地方消防局救護大隊的大隊長，訓練有素，他在門診中接到意外的消息，立刻投入救援。在現場看見有位傷者發冷，吳醫師趕緊脫下白袍披在他身上；原本穿著救難的服裝，則是覆蓋

住一位罹難者的臉，為他遮掩不好看的面容。即使吳醫師多次參與國際間的急難救助，事後再描述這次經歷，仍忍不住落淚。

搶救工作完全結束前，慈濟人持續在當地守護，提供飲食、茶水及種種所需的物資。警消與救難人員經歷數日的救援，心靈有很大的壓力，難免出現災後症候群。靜思精舍的常住師父為他們送上佛像念珠，希望他們得到宗教力量的安撫。

當家屬陸續來到花蓮，可以想像他們需要的是真誠的陪伴。除了給予慰問金表達關懷之意，慈濟人可以發揮的良能就是至誠的愛，以同理心輕輕膚慰、給予擁抱；家屬有任何需要，就盡力提供協助。希望慈濟人的付出，能讓每個人心靈的悲苦有發洩的出口，得以慢慢平息。

事故發生後，世俗的習慣要招魂，精舍師父也到現場陪伴家屬，讓生者心安、亡者靈安。有的罹難者大體送到花蓮殯儀館，師父們則前往助念，安撫家屬。

有的罹難者大體送回臺東、臺北，當地慈濟人會前往
膚慰，希望顧慮到每位家屬的心境，持續關懷。

罹難者的親人苦痛難免，記憶也很漫長，期待時間
撫平一切創傷。希望慈濟人能與家屬分享：遠去的靈
魂無法停留在軀體安慰大家「不要哭，不要傷心」，
他們終將隨著因緣飄然而去，無痛苦地解脫了；然而
唯有不再看到至親至愛為此而痛苦悲啼，他們才會安
心。

瞬間的無常，許多家庭已喚不回親人，我們為往生
者不捨，為受傷者心痛，唯有以最虔誠的祈禱來表達，
並給予誠摯的膚慰和陪伴。在這個需要「無緣大慈，
同體大悲」的時刻，感恩愛的力量能匯聚，國內外各
宗教、各單位不論距離遠近，大家虔誠地祝福祈禱。
但願往生者靈安，家屬盡早心安，也祈禱每位傷者的
身心能早日康復。

（圖片／總統府辦公室）

證嚴上人慰問信

　　每年的清明節，是臺灣傳統重要的節日，一家人團聚，慎終追遠、祭奠祖先；為此，原該是虔敬期待之旅，無奈臺鐵太魯閣號在清水隧道發生出軌事故，造成多人受傷或頓失至親，驚聞訊息，證嚴心中備感不捨與不忍。

　　自四月二日這起意外發生後，證嚴每分每秒都心繫著列車上的乘客，以及盡忠職守的臺鐵工作人員，是否人人平安？想著大家從準備團圓的心情，瞬間陷入驚恐情緒，心理毫無準備，身體突然遭受撞擊，正承受著無常所帶來的身心之苦。

　　事故發生在早上將近九點半時，訊息一傳出，消防、警方都即時啟動救難機制。從中央到地方，各縣市首長不約而同向花蓮縣伸出援手，提供必

要的協助；網路世界的訊息也一秒千里，眾多網友紛紛致上關懷、主動祈禱，彼此提醒把交通禮讓給急難救援隊伍。

花蓮是慈濟的根源，靜思精舍師父聞訊即趕赴關懷，並備餐供應前線人員；尤其感恩花蓮慈濟醫院承擔起醫療中心的責任，第一時間林院長及醫院主管召集醫護人員回歸，啟動「紅色九號第一級大急診」，前後收治五十四名輕重傷患。搶救生命是醫護人員的使命，感恩他們沒有放棄任何一位生者的可能；慈濟醫療志業林俊龍執行長，不顧自己七十餘歲高齡，披上白袍，頂著烈日，親自帶領團隊在第一線搶救生命，令人感動！

哪裡有災難，哪裡就有藍天白雲的身影，慈濟基金會顏博文執行長與全體副執行長及同仁，迅速集合在靜思精舍，組成救災協調指揮中心，聯繫慈濟志工，調度第一線搶救人力所需要的毛毯、

粥品及輪椅輔具等物資。很感恩慈濟志工以人傷我痛，人苦我悲的情懷，在事發現場、在醫院、在殯儀館；從清水、崇德到新城，持續配合救難人員的搶救行動，陪伴傷患就醫，為往生者持續助念，關懷膚慰家屬。

這一回真正是大哉悲情！除了心情悲傷難以言喻之外，很佩服大家淡定的力量；現場都是不慌不忙，車上人人都很定、不慌亂，靜默等待，沒有抱怨，沒有哀嚎，還相互協助脫困，真的令人敬佩，這就是智慧。讓證嚴在悲痛不捨之餘，看見這份人性的光輝美好。

感恩花蓮及全臺各地馳援的救難人員，不眠不休投入，搶救生命；這種大愛情懷，令人敬佩。人間無常在瞬間，對於往生者，慈濟所表達的關懷，雖不能替代您們失去至愛親人的那份傷痛，但這是全球慈濟人虔誠的心意；期盼這份愛，讓

亡者靈安、生者心安。我們也祈願傷者能早日康復，心靈恢復平靜，儘快重回生活的軌道。

　　證嚴常言：「大災需要大愛！」面臨災難也是我們發揮善心，實踐善行的時機。祈願以這分溫暖的祝福，伴隨著人人走出傷痛、掃除陰霾，化悲傷為永恆的祝福，化不捨為長情大愛。彼此勉勵，互相扶持，迎接光明的到來。

臺灣佛教慈濟基金會
創辦人　釋證嚴　二〇二一年四月二日

未曾長夜慟哭者，不足以語人生？

德國大文豪歌德（Johann Wolfgang von Goethe，1749-1833）曾說：「未曾長夜慟哭者，不足以語人生。」

在接到任務、開始蒐集這次事件的相關報導的過程中，讓我不禁想說：如果真得像歌德那樣得長夜慟哭，那我寧願人們總是笑逐言開地過活；難道，得經歷這般令人肝腸寸斷的慟哭，才能體會何謂真實人生？

讀著一篇篇敘述事件經過與人物的文章，我的腦海中各種影像紛呈：直到最後一秒鐘還緊踩煞車的司機員、搜救人員看到及聞到的災難現場、大體修復師眼前的破碎身軀、亡者家屬所面對的冰冷與殘缺……

其間，幾度鼻酸、哽咽，只想回家擁抱我親愛的家人，尤其是年幼的女兒。如果只是讀著文字的我都感受到如此心痛，親歷死別的家屬又會是如何地撕心裂肺？

在這般悲傷的氛圍下，除了有形的支援，我們一介文字工作者還能做些什麼？或許，至少能以文字為世人留下一

點對這次事件的深刻念想。於是，慈濟人文志業中心的平面媒體，包括慈濟月刊、經典雜誌及出版部的同仁們，分工、集結，試著以照片及文字述說——

第一，冷靜「省思」：所謂「前事不忘，後事之師」；在這般情感跌宕的氛圍下，我們或許更該冷靜、沉澱下來，省視這次事件的前因後果，以避免憾事重演。縱觀國際，鐵道事故所在多有，連先進國家如德國、日本亦難倖免。以過往之自身事故及他山之石審視問題所在，是我們必須先行深度省思的。

第二，溫情「陪伴」：事故發生後，臺灣民眾為之同悲；踴躍的捐輸、溫言的陪伴、為救難人員及醫護打氣，稍稍分擔了些淚水的沉重。我們從媒體的報導中整理出從警消醫護到一般民眾的諸般善念、善行，還有慈濟人第一時間的馳援、以及綿綿不絕的關懷。期盼這些溫暖的文字，能傳達臺灣社會及慈濟人的善念及膚慰：「別怕，有我們在，你並不孤單……」

謹以此書，做為對此憾事的記錄；呈現臺灣社會的哀慟、感動，也期許深刻反省後的行動。祈願，本書是臺灣鐵道傷亡事故的最後記錄。

目錄

省思

在悲傷的氛圍下，
我們更應冷靜省思，
以避免憾事重演……

可以避免的悲傷

整個臺灣社會缺乏對安全意識的重視，
這是一種深層的文化因素……

「真相只有一個！」
戮力挖掘事故因果的檢調

二〇二一年四月二日，清明節連假的第一天；上午九點
二十八分，在山明水秀、晴朗靜謐的花蓮一隅，轟然一
聲，剛竄出隧道、疾駛中的 408 次太魯閣號列車與橫亙鐵
道的工程車猛烈撞擊、再衝入隧道、扭曲、出軌；其中的
四十九位乘客，從此生死殊途……

鐵道施工廠商無良、官商勾結、乃至於官方督導失能、
臺鐵改革牛步、臺灣社會對於安全漠視的陋習……事故之
後，諸多批判紛至。這次的非天災嚴重死傷意外是如何發
生的？誰能還原現場真相，給亡者親屬一個公道，並慰亡
者在天之靈？仍有待司法單位及國家運輸安全調查委員會
的詳細調查。

不眠不休的檢察官

事件發生後，花蓮地檢署檢察官第一時間動起來，分組

進駐事故現場、殯儀館等地處理，也很快帶回肇事嫌疑人；雖然一開始聲請羈押不成，但花檢即時抗告成功，讓嫌疑人才一天就遭重裁羈押。

據《聯合報》報導，不少檢察官也臨時加班開始調查工作，花蓮地檢署檢察長俞秀端更是多次出現在媒體前，向大眾說明最新調查進度。她超過兩天沒有休息，率檢察官細心釐清案情；腳也因為查案奔波而腫脹，走起路來一跛一跛。

不過，即使面對身體狀況不佳，俞秀端仍未有絲毫懈怠。她表示，其他檢察同事更辛苦，還有人直接在現場昏倒；「我個人不足掛齒，因為這是我的責任。」

俞秀端出身自礦工之女，又患有自體免疫系統缺陷疾病；其實，她曾幾度想放棄人生。然而，因為她的堅毅，半工半讀下一路苦讀，最終成為檢察長。

她於二〇〇五年獲選第四十三屆十大傑出青年。得獎當天，她感性地說：「連我這樣一個女子都能克服困境，相信很多人都能做到。」鼓勵像她一樣的人絕對不要放棄。

作家須文蔚在臉書撰文，如此形容這位檢察長：

「這位貌似研究生、清秀與溫婉的女檢座，其實像煤炭

一樣，給地熱煎熬了漫長時光；雖然貌不驚人，但燃燒起來，卻能夠熔融鋼鐵。面對黑金，她更有著無比的堅毅與細緻，讓世人見識到：正義有著無堅不摧的力量。」

這位外柔內剛的女性檢察長，以其纖細與韌性，帶領著花蓮地檢署抽絲剝繭，要還無辜的亡者與家屬一個公道！

徒手搜索記憶卡的調查官

除了檢察官，另一批為追求真相不可或缺的人便是國家運輸安全調查委員會的調查官。

運安會指出，為了找尋關鍵記憶卡，派了五批、共二十名調查官前往現場蒐證；連日戴著手套、口罩，蹲在現場徒手翻找僅一公分大小的 microSD 記憶卡。幸好，「皇天不負苦心人」，終於在人力地毯式搜索三天後尋獲記憶卡，並且能夠正常讀取。

據《蘋果新聞網》報導，運安會每天至少出動十多位調查官在現場協助搜索資料。依運安會公布的事發當時細節，太魯閣列車以時速一百二十六公里正面撞擊滾落邊坡、佔住軌道的工程車；撞擊力道之猛，不僅列車半邊車頭被削掉，撞進隧道三百二十公尺才停下，該輛工程車更瞬間解

體、「身首異處」，車頭被列車一路撞進隧道內，成一團扭曲廢鐵，重要的行車記錄器更是不知去向。

運安會委員李綱表示，該行車記錄器很幸運在四月四日尋獲。該記錄器很小，記錄臺也都彈跳出來；但是，很幸運地，還能取得其中的 microSD 記憶卡，且完全沒受損，成為釐清事發原因的重要關鍵。由於 microSD 記憶卡僅約一平方公分大小，幾乎比一元硬幣還小；能在混亂的現場摸索到，彷彿冥冥之中有老天爺幫忙。

李綱指出，由於事故現場非常混亂，包括隧道內被強力撞擊的土石、破碎列車的鋼板、旅客斷指、腦漿、屍塊等，全部混在一起；加上要找的證據非常細小，無法用儀器大範圍搜索。調查官只能蹲在地上，鍥而不捨地用肉眼及雙手一點一點地慢慢翻找，終於幸運找到關鍵物證，事件真相才得以進一步揭露。

人為的疏失有待運安會與司法究責；然而，再度發生重大死傷事件的臺鐵乃至臺灣社會，又該如何檢視自身呢？

從太魯閣號事故
看臺鐵的百年沉痾

—————————————— 潘美玲（經典雜誌文稿召集人）

　　辛丑年清明連假第一天，滿載著四百九十六名旅客的 408 車次太魯閣號疾駛在風景如畫的花蓮海岸，車廂裡充滿返鄉、度假的歡樂氣氛，不料，卻在九點二十八分緊急煞車的撞擊聲中嘎然停止。一臺不該出現在軌道上的工程車自邊坡滑落，在一百二十一公里的高速撞擊下，即將進入隧道的多節車廂嚴重變形，無端飛來的橫禍，造成二百一十六人輕重傷、四十九人魂斷喪命，震驚臺灣社會。

環環相扣的安全疏失

　　這是一個不應該發生的錯誤。

　　在預防 COVID -19 病毒入侵這件事，臺灣人挺過了非常時期，政府人民上下一心，防疫表現令國際刮目相看，但一個最基礎的邊坡工安控管為何反而掉漆？一

花蓮清水隧道旁的火車殘骸與肇事工地。為了行車安全而改善的邊坡工程，卻因便宜行事的營建文化，反造成重大傷亡的連鎖反應。（圖片／法新社）

近半世紀以來最重大的太魯閣號意外，再次敲響臺灣交通運輸的警鐘，若仍未能如實正視鐵道的安全風險管理，坐上火車。你、我將被迫玩上「俄羅輪盤遊戲」，難逃無常的機率宿命。（攝影／蔡哲文）

個低級錯誤，造成數十個家庭破碎、人民椎心泣血的傷痛。

　　專長為安全風險管理的陽明交通大學土木工程系副教授單信瑜認為，整個臺灣社會缺乏對安全意識的重視，這是一種深層的文化因素。「你看，學校前面並排停車接送小孩，為了自己的方便，卻間接造成別人的不安全。」顧了人情、害了人命的大小事故，無限輪迴地不時出現在臺灣社會。

　　安全，從來就不是一件虛無縹緲的事。根據美國工業安全先驅所提出的「海恩法則」(Heinrich＇s Law)顯示，每一次事故的發生，背後都是由許多更細微的事

為了因應臺灣花東地形，臺鐵陸續採購了傾斜式高速列車，服務東部的返鄉及觀光人潮。空蕩蕩的車廂中，彷彿還迴響著事發當時的驚怖。（攝影／蔡哲文）

消防攝手 哲文

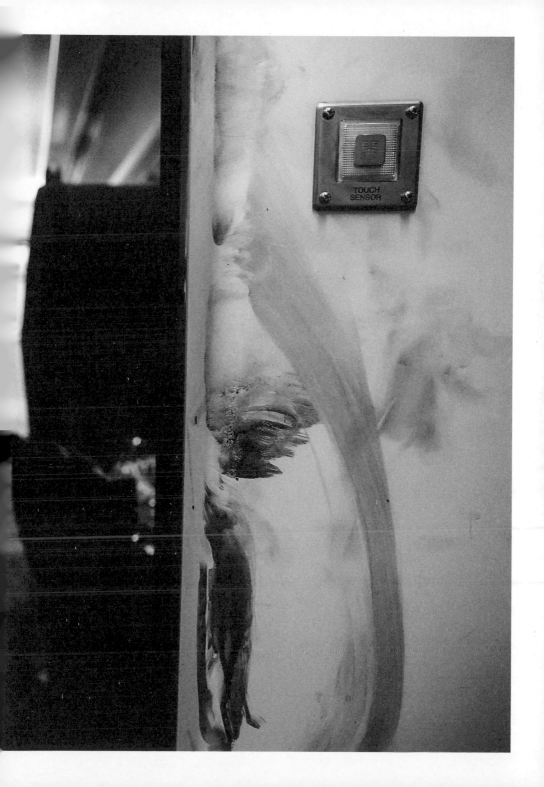

故、瀕臨事故的徵兆以及事故的潛在問題所累積而成。太魯閣號的重大傷亡意外，也是一樣。

營建文化的便宜行事

邊坡滑落的工程車（異物入侵了鐵道路權）是直接、主要肇事原因，我們陸續檢討起工安 SOP：工程車失控推落軌道、假日偷偷施工、未設安全護欄、僱用非法外勞、借牌投標、已違規列入黑名單的廠商仍可標公共工程 ......，每一個違法舉措，背後又潛藏著工地營建文化裡的各種簡陋粗鄙、便宜行事。

工程的鬆散與承包的標案有直接關連，而作為發包監管單位的業主也難辭其咎。「譬如工程低價標這件事，我就覺得是一個很大的問題，低價標的結果就是主計自以為為國家省錢，但實際上是失去了合理的工程經費，再加上我們都有層層轉包的文化，所以最終實際施作的廠商其實都是在這種『省錢』的辦法中施工，在這種情況下，類似防護設施這些假設工程，通常就是第一個被『省掉』的項目。」大學主修營建工程的溫仲良如此說道。

太魯閣號事故發生後，第一線的救難人員在第一時間抵達災難現場，提供最快速的救援行動，與時間賽跑，不放棄任何機會搶救生命，也將傷者送至安全所在。（攝影／蔡哲文）

臺灣的公共工程弊案層出不窮，貪瀆之外，更要人命的是工安問題。行車安全是公共運輸系統無法妥協的最高準則，諷刺的是，造成危及此次火車意外的肇事主因，竟是臺鐵正在進行中的「鐵路行車安全改善六年計畫」中的邊坡工程。公共安全的螺絲是從哪裡開始鬆脫的？

　　建築師李綠枝認為，諸多的工安疏失，通常來自工程品質管理不嚴謹甚至虛應形式，施工步驟沒有SOP，危機處理應變鬆散等，在工程施工階段，承包商、監造單位、業主均沒有落實工程品質管理所致。

　　從源頭的工程規劃設計開始，可能專案管理顧問（PCM）就沒有把施工安全要求提升至規劃層次，設計者沒有將充分的假設工程、交維計畫及安全維護等納入工程設計；工程發包時以最低標發包，沒有審查承包商過去業績的機制，甚至不良記錄廠商仍在公共工程標案中來去自如，可能業主為求政績訂出不合理的工期，才逼使承包商在非工作日偷偷施工。

　　溫仲良也表示，臺灣的營建文化中通常不重視前期規劃，一方面是因為要花比較多錢，另方面也可能是

沒有足夠專業，以致於包括合理的財務規劃、安全防護等都是聊備一格，也因此無法提供足夠的可信度；再者，因為主計與規劃人員互不信任的猜測，也使得經費浮編或大刀亂砍預算，變成一個莫名其妙的惡性循環。

俄羅斯輪盤的輪迴宿命？

「所謂的『最有利標』，本來在採購法上就有這種制度的設計，但問題是看得到吃不到，因為公務員通常不敢採取這種方案，很容易在搶標競爭的過程中被惡意檢舉為圖利特定對象，在這種貪汙治罪的陰影下，類似這些設計通常都鮮少出現在現實的標案裡頭。」「興利」或「除弊」，公務員大多選擇了後者，雖然不能說沒肩膀、沒擔當，但也只能說「怕了！」多一事不如少一事。

臺灣有全球最安全的航空公司長榮航空（榜上第三名），有全球晶圓市占率 56% 的臺積電，但在基礎工程中卻常見「差不多文化」的盛行。工地裡按規定戴上黃色安全帽，被認為多餘笨拙；焊接鐵器時戴上透

明護罩，被認為礙手礙腳；攀高施作，為了求快，不樂意繫繩做確保……，求快、圖便利，理應嚴謹的每一個步驟，一點一點地缺角，環環相扣的安全機制因而鬆脫。從施工承包，到監督管理，見微知著，大眾是不是普遍存在著僥倖投機、認為倒楣的事「絕對不會」輪到自己頭上的心態？

二十一世紀，臺鐵發生了近十次的重大行車事故，近五十年來有超過兩百人因事故身亡，每兩天更是大小意外不斷，記憶猶新的是，二○一八年普悠瑪列車脫軌造成重大傷亡，十八名乘客殞命，記錄上血淚斑斑，如果這樣還喚不醒鐵道運輸的改革行動，那麼這個彷如「俄羅輪盤」的運乘經歷，是不可能再靠著「天祐臺灣」這樣一句祝禱詞來永保平安了！

鐵道之旅的榮光與黯淡

鐵道、郵政、電信曾是社會現代化的三大象徵。曾經臺鐵也有過光榮的時刻，在高速公路尚未冒出頭時，臺鐵是獨霸臺灣的交通龍頭，員工捧的是貨真價實的「鐵」飯碗。

臺灣第一條鐵道支線北
淡線，最後一天營運的
搶搭人潮（上）。花蓮
縣民眾慶祝東部鐵路初
次通行寬軌列車（右）。
（上／黃子明攝、右／中
央通訊社提供）

臺灣人對臺鐵其實是充滿情感的，不僅因為那是兒時的一塊珍貴的記憶拼圖，幾乎每個人都有屬於自己的臺鐵私房路線。今日，在享受了舒適便捷的高鐵及捷運服務，許多人開始將之與臺鐵做比較。單信瑜反應快速地說道：「根本就不能這樣比的！」

　　三十年前北捷通車，不論是車廂、軌道或管理系統，都自國外引進了最新的制度規範，雖屬公營事業，但捷運公司的財務自主；十四年前高鐵出現，除了是民營公司、走國際化路線，土建工程、機電系統出自日、歐藍本，高鐵局還慎重地將人員送至國外接受駕駛及安全訓練，落實安全自主管理。

　　反觀臺鐵，從清代（一八八七年）劉銘傳對鐵道的建置，日治時期由臺灣總督府交通局鐵道部負責經營，二戰後國民政府來臺接收營運，今日的臺鐵扛著龐大的政治與歷史包袱。想要高速競爭時，前有複雜的島嶼路網、糾結的人事組織文化，後有龐大的債務重擔；

「安全」是鐵道運輸無可妥協的最高守則，一條安心回家的路，是理所當然的國民福祉。（攝影 / 黃世澤）

行車路線不如高鐵的筆直；應變起來也不若北捷的輕快靈活；行政機關裡位階不高的臺鐵，有如老牛拖車般氣喘吁吁，今日的臺鐵，每天一開門營業就要面臨近四百至一千萬元不等的虧損。

二〇一八年普悠瑪翻覆事件，經調查發現肇事主因在 ATP（列車超速防護系統），臺鐵採購了高性能列車，但是未能在人員訓練及偵測系統的軟、硬實力上同步，革新只做了半套；車廂設備老舊、維修人力不足、員工快速流失、傳承經驗面臨斷層，一一審視臺鐵工務、機務、運務狀況，不禁令人膽顫心驚。厚厚的三百二十七頁《臺鐵總體檢報告》，真正落實改正或只是虛應其事，承辦人員心知肚明。

太魯閣號事故發生之際，罹難家屬痛心疾首地罵道：「臺鐵真是爛到骨子裡去了！」要求公司化、民營化的改革聲音再度響起。

不良制度殺人於無形

「公司化不是可行不可行的問題，而是制度的設計。譬如說，臺鐵的負債已經占總資產的一半了，公司化

以後這債務算誰的？以及，票價可不可以漲？還有，不賺錢的服務路線要不要砍？以上這些問題如果不先在制度上載明清楚，未來都是製造更多問題的根源。」一位長期關注臺鐵問題的專家提出這樣的質疑。

外界印象中的臺鐵工會，為了害怕損及一萬五千多名員工的退休及福利權益，對於改革始終持抗拒態度，但臺灣鐵路產業工會秘書長魏豫綾卻告訴我：「並不是！我們超想改的。只是工會希望是在做好安全制度的改革之後，順序上再來談公司化或民營化。」

「我們非常痛心同仁的流失，不想再死人了！」年輕的魏豫綾表示，近日外界在事故的討論方向都集中在究責，誰判刑、誰下臺，但是工會方面最在意的卻是，如何才能避免意外事故的一再發生。

兩年前普悠瑪事故發生，總檢討啟動，看起來很有契機，但最終卻流於形式，「我們希望能夠真正落實安全管理系統（SMS, Safety Management System），也能像民航局或其他海運單位有充裕的預算與專業的防範。社會大眾對臺鐵的安全產生疑慮恐懼，這樣的企業形象，也將導致內部人員士氣低落。」她說道。

臺鐵一年運載兩億人次，坐上火車，你、我都可能是承擔鐵路交通風險的其中一員。如果提高一點票價，可以協助這個百年老店一點一點脫離僵局，我相信臺灣人民不會吝嗇；臺鐵在財務上的捉襟見肘、經營管理上的僵化陳腐，曾經我們都知道，但因為「事不關己」，於是選擇視而不見。但臺鐵的事，其實也是全民的事，社會的螺絲要鎖緊，得靠政府的魄力、大眾的關注，在公共安全的議題上，沒有人是局外人！

全民監督鎖緊社會螺絲

　　「安全」應是軌道運輸服務的最基本要求，臺灣做得出最精密的晶圓科技，最根本的「系統性控管各項安全風險」臺鐵沒有理由做不到。日本花了將近二十年，才完成國家鐵道組織改革，臺鐵的改革想當然耳也絕不可能一步到位，臺灣人求快、求便利、求便宜的心理，真的到了必須要改變價值判斷的時候了。

　　「魔鬼藏在細節裡」；這一次，魔鬼以慘痛的四十九條人命為代價，告訴我們日常不以為意的環環細節，有多重要！

罹難家屬於事故現場的招魂儀式。椎心泣血的意外，盼能為我們帶來更深刻的安全省思。（圖片／法新社）

出軌後的前進

「安全是回家唯一的路」不只是口號，
而是你我必須念茲在茲的行動。

德國高鐵之鑑

一九九八年六月三日上午，一列高鐵於德國下薩克森邦策勒郡艾雪德鎮（Eschede）附近發生嚴重事故，為德國境內傷亡最慘重的鐵路事故。

事故原因起於，這列德國最早製造的高鐵 ICE-1 列車，其中一個車輪因為金屬疲勞而破裂，最終導致車輛出軌，各節車廂被撞得折疊在一起。這場事故，造成一百零一人死亡、八十八人重傷。

以行事嚴謹與精密工業著稱於世的德國人，為何會發生這樣的重大事故？

據郝廣才先生於《今周刊》的說明，很多高層在試車時都嫌搖晃太大。對於這個問題，有三個改善選項：一、改變車體設計；二、改變軌道設計；三、改變車輪。

想當然爾，哪裡問題小改哪裡！他們改用內有厚實橡膠、可以吸力避震的內外雙圈車輪，搖晃的問題於焉解決！

但是，內外雙圈車輪原來是使用在時速只有二十公里的

城市電車上，而高鐵時速卻都在兩百公里以上；在如此運轉下，車輪外鋼圈容易造成金屬疲勞，而在脆弱處斷裂。要命的是，鋼製的車輪不會馬上斷裂，它要時間；而這個時間，就在七年後……

其實，在事故之前，就不斷有人警告。出事前一周，檢修人員以精密儀器檢測出事的車輪，當時有三項檢測發現瑕疵；但管理人員認為是檢測器有問題，所以不用在意。

出事前兩個月，列車人員反映有異常的噪音和震動，前後高達八次，同樣沒人在意。管理階層認為這種車輪已經使用多年，從來沒出事，毋須杞人憂天。

出事前一年，漢諾威市電車公司就發現這種車輪會出現金屬疲勞的裂縫，並通知所有使用這種車輪的公司；但高鐵公司回覆，高鐵的車輪從來沒問題……

郝廣才先生結論道：「災禍是一點一滴累積的」、「魔鬼藏在細節裡、藏在馬虎裡、藏在驕傲裡」……

二〇一八年的普悠瑪事故發生未滿三年，臺鐵便又發生了死傷更為慘重的事件。雖然主因是滑落的工程車，但臺鐵是否也該省思這次事故是如何「累積」的，自身有無「馬虎」、「驕傲」呢？

從鐵路特性解讀事故背後

—————————————— 吳佳珍（經典雜誌撰述）

　　不過兩年多前，臺鐵普悠瑪號才在宜蘭新馬站出軌翻覆，造成重大傷亡；如今，又在花蓮清水隧道發生太魯閣號出軌，奪走四十九條生命、兩百多人受傷，成為臺鐵半世紀以來最嚴重事故。為何看似安全可靠的鐵路運輸卻如此脆弱？臺灣的鐵路安全究竟出了什麼問題？

　　陽明交通大學運輸與物流管理學系教授張新立認為，可從鐵路運輸的特性及發展來了解事故背後的潛在危險因子。

　　他表示，鐵路運輸技術最大的發明是緣翼鋼輪（flanged steel wheels）的使用，讓鐵路車輛能左右搖擺於兩條平行鐵軌之間而不出軌；並利用鋼輪與鋼軌之間較小的滾動摩擦係數，以較為經濟的動力拉動重量極大的列車。而要讓左右搖擺的列車不致出軌，不僅需有堅實的路基及軌枕固定軌道，更得配置大量人

二〇一八年出軌的普悠瑪號，屬於傾斜式列車，過彎時不用減速，但車身易搖晃，也更需養護軌道。（攝影／蕭耀華）

力隨時檢查軌道是否磨損過度或軌道扣件鬆動。

高速下的風險管理

「鋼輪與鋼軌的摩擦力小，車輛才能跑得快，但就需要較長的距離來煞停；這是鐵路運輸的優點，也是缺點。」張新立指出，早期由人工駕駛鐵路車輛時，往往需要很長的安全視距，以便讓司機員在看到前方軌道異物後來得及煞停車輛；更進一步的做法，則是在鐵路兩側加設圍籬以防異物入侵。

隨著科技發展，軌道運輸的動力已從過去的蒸汽動力轉為柴油電力，進而使用外接之電力，而行駛速率也從一八二五年史上第一輛火車的每小時二十四公里，進步到現今每小時三百公里的高速鐵路，甚至超過五百公里的磁浮列車。

換句話說，以前還能等司機員看到再煞車，但現在車速已經快到人無法及時反應。因此，在列車的運行與安全上也走向自動化，以克服司機員反應不及的風險，先進國家的鐵路系統更透過完善的安全管理系統（Safety Management System, SMS），做全面性的行車

風險管理，以預防事故發生。

然而，臺鐵在朝向高速化邁進時，卻未能及時做好對應所需要的風險管理。

以太魯閣號事故為例，由於事故地點尚未建置邊坡或外物入侵的監測預警系統，仍然仰賴司機員以目測判斷路況；倘若該路段設有災害或入侵警告系統，可能有機會在工程車滑落鐵軌到太魯閣號撞上的一分多鐘內，扭轉悲劇。

提升路權的專有化

高速之下，除了須朝向自動化控制，另一個關鍵則是「侵入的防制」。太魯閣號事故發生後，臺鐵企業工會聲明，臺鐵受外車或外物違規侵入已經成為常態，工會曾多次督促政府重視此問題未果。例如二〇一九年因外車外物侵入路線所造成損害者即高達四十一件，處處敲響了警鐘，「路權安全」的重要性卻被輕忽漠視。

鐵路運輸系統的路權可分三類：A 型路權（專有路權），軌道與外界交通完全隔離，如臺北捷運、高雄

捷運、臺灣高鐵；B型路權（部分隔離路權），部分軌道與外界隔離，如淡海輕軌、高雄輕軌；C型路權（共用路權），軌道與外界交通混合行駛，如美國舊金山的叮噹車（cable car）。

至於臺鐵，既有傳統的平面路段，也有地下及高架化路段，臺鐵企業工會表示，臺鐵局雖然號稱是專有路權，但不管是平交道或這次緊鄰施工道路的事發處，都未真正與其他運輸路線隔離。

張新立指出，早期各國的軌道系統皆從平面起家，但隨著鐵路高速化的發展，現代的新軌道系統（如捷運、高鐵）多已朝向完全排除外界交通干擾的專有路權設計，舊軌道系統也逐步高架或地下化，以提升車輛運行的安全性。只是，臺鐵至今仍難達到全線均專有路權，許多平交道及路權兩側仍無法全面阻隔人車侵入，成為安全管理上的破口，需要更多防護措施以

擁有專有路權的臺灣高鐵，與外界交通完全隔離，無平交道且不與其他車輛混合行駛（上）；高雄輕軌則是部分隔離路權（下）。（上 /Chris Stowers/Panos 攝，下 / 劉子正攝）

確保列車安全運行。

傾斜式列車的兩難

至於在這次事故當中，不少人質疑屬於傾斜式列車的太魯閣號如果不販售站票，或許不至釀成如此重大的傷亡。張新立認為，在安全與營運的立場之間，臺鐵確實面臨兩難。

所謂傾斜式列車，即列車在過彎時會朝彎道內側傾斜來抵抗離心力，不用像普通列車需減速，可節省行駛時間。他表示，臺鐵之所以在東部幹線採用傾斜式列車，是為了因應多山、多彎道的地形，其實是不得已的做法。

「若就安全考量，其實不管是高鐵、還是臺鐵傾斜式列車（太魯閣號、普悠瑪號），這類高速列車最好都不要賣站票。」張新立認為。

而在營運方面，太魯閣號、普悠瑪號過去原先只在連假期間開放站票，但由於東部幹線長期以來一票難求，二〇一九年臺鐵才在各方壓力之下，開放平日站票，解決花東民眾的疏運需求。臺鐵當時表示，站票

限量一百二十人都經過載重測試，控管人數確保安全無虞。

張新立表示，傾斜式列車過彎時，高速所產生的離心力更容易磨損軌道，需耗費人力每天巡檢、養護軌道，或投資科技設備檢測軌道平整性，否則輕則造成列車搖晃，重則導致出軌，在複雜的鐵路運輸系統之中，任何環節都存在魔鬼。

不過，身為百年老店的臺鐵，即使想與時俱進，囿於長年虧損的財務缺口，向來只能一點一點慢慢改，看不到顯著成效，也難以全面整合國內鐵路網。

當然，臺鐵不是沒做過體檢，二〇一八年普悠瑪號出軌後，行政院召集外部專家發表了《臺鐵總體檢報告》，但臺鐵對於改善事項的落實度遭到各界詬病，如今發生重大事故，公司化、民營化改革的可行性又再度引起討論。

張新立表示，公司化、民營化是全球趨勢，例如日本、韓國、英國、德國皆已推動鐵路公司化或民營化。儘管並非藥到病除的特效藥，轉虧為盈的國外鐵路公司依舊避不開重大事故；但為了解決高達一千兩百多

億元的累積虧損，臺鐵勢必得納入民間企業經營的方式，才有浴火重生的可能性。

所有人都是當事者

全球性通訊社路透（Reuters）在報導這次臺灣太魯閣號事故時，彙整了近十年國際重大鐵道事故，其中以印度發生頻率最高，由於鐵路系統老舊又常嚴重超載，一有事故即動輒上百人傷亡。

但如果對比發生在十九世紀中到二十世紀初國際上的鐵道事故，傷亡人數近十年已大幅降低。除了因為科技發展、導入自動化設備，關鍵還是各國對於「安全文化」的規範及落實。

例如，發生在二○○五年兵庫縣尼崎市的 JR 福知山線出軌事故。其起因為列車過彎時撞向鐵道旁公寓，造成一百零七死、五百六十二傷，是一九八七年日本國鐵民營化後最慘重事故。事故原因雖然歸結為人為

二○○五年日本 JR 福知山線事故，因超速行駛造成列車出軌，撞向鐵道旁的公寓大樓。（圖片／達志影像）

操作失誤及超速，但真正肇事者其實是 JR 西日本公司的企業體質。

事故後，JR 西日本借助這次危機逐步打破組織慣性，進行各種安全相關的投資、引入第三方安全管理評估機制，關注的焦點則從預防事故再發生，到深究人為因素以提升安全。

為了強化員工對於安全的覺知及重視，JR 西日本設立內部研修機構「鐵道安全思考行動館」，陳列了福知山線事故與其他重大事故的紀錄，讓每三到五年須到此受訓的全體員工，都能認真思考工作安全，並將過去的血淚與未來的行動產生連結。借鏡日本經驗，臺灣或許能得到啟示。

二〇一八年的普悠瑪號事故、二〇二一年的太魯閣號事故，在在突顯了臺鐵安全管理系統未盡落實的缺失。張新立表示，安全管理系統的精神，其實就是每個人都具備安全意識，包括臺鐵內部、外部承包商以及旅客，所有人都是當事者。

「『安全是回家唯一的路』，不應只當成口號，而是你我必須念茲在茲的行動。」張新立強調。

奔馳在花東縱谷平原上的臺鐵列車，乘載了無數人生。安全是回家唯一的路，而落實又是安全唯一的路，期盼臺鐵未來能浴火重生。（攝影／黃世澤）

臺灣歷年重大鐵路事故

發生時間	事故起因	死傷人數	後續主要改善
1976 年 4 月 21 日	南下 33 次觀光號在彰化縣大村車站，撞上闖越平交道的彰化客運大村國中學生專車。	41 死、41 傷	
1981 年 3 月 8 日	北上 1002 次自強號行經新竹頭前溪橋南，撞上擅闖平交道的砂石車，是自強號 1978 年上路以來最重大事故。	30 死、130 傷	自強號車頭塗裝加上橘紅色警示漆「貓頭鷹紋」；勘查西部幹線平交道，廢止橋梁前無人看守的平交道。
1990 年 12 月 20 日	北上 1020 次自強號於高雄路竹一大湖之間，因遊覽車在平交道倒車，造成衝撞。	火車乘客 7 傷，遊覽車乘客 25 死、27 傷	
1991 年 11 月 15 日	北上 1006 次自強號在苗栗縣造橋鄉豐湖村，與南下的莒光號交會時對撞。	30 死、112 傷	
2018 年 10 月 21 日	由樹林開往臺東 6432 次普悠瑪號，行經宜蘭線新馬站前彎道時高速出軌。	18 死、215 傷	行政院針對臺鐵進行總體檢，提出 144 項改善建議；臺鐵研發裝設自動速限系統，預計今年底完成安裝。
2021 年 4 月 2 日	由樹林開往臺東 408 次太魯閣號，撞上滑落邊坡的工程吊貨車，在花蓮清水隧道出軌。	49 死、216 傷	

資料來源：臺鐵、綜合報導　製表：吳佳珍

今年清明連假的太魯閣號事故，列車出軌後衝入隧道且擦撞隧道壁，車廂遭到嚴重擠壓。（攝影／蔡哲文）

國際歷年重大鐵路事故

發生時間	事故起因	死傷人數	後續主要改善
1993年・韓國	列車出軌	79死、198傷	
1997年・中國	火車相撞	126死、230傷	
1998年・德國	列車出軌	101死、88傷	更換不良設計的車輪、將列車車窗改為緊急時能以破窗鎚擊破的玻璃窗。
2005年・日本	火車出軌撞上公寓	107死、562傷	推動安全管理系統、設立獨立的安全組織、強化內部人員安全思維。
2011年・印度	列車出軌	70死、300多傷	
2012年・阿根廷	火車衝向車站	51死、700多傷	
2012年・埃及	火車撞上校車	50餘兒童死亡	
2013年 西班牙	在彎道出軌	79死、140傷	增設各路段「歐洲列車控制系統」(ERTMS)，若超速將自動減速甚至停車。
2016年 喀麥隆	列車出軌	79死、550傷	
2016年 印度	列車出軌	150死、150傷	
2016年 伊朗	火車相撞	49死、103傷	
2018年 印度	火車撞上節慶人群	50餘死、200傷	
2019年 剛果	列車出軌	50餘死	
2019年 巴基斯坦	車內失火	64死、30傷	

資料來源：路透、綜合外電　製表：吳佳珍

一九九八年德國下薩克森邦發生鐵路列車出軌，起因為其中一個車輪因為金屬疲勞造成破裂。（圖片／達志影像）

企業文化的醬缸 vs. 民營化的曙光

—————————— 潘美玲（經典雜誌文稿召集人）

　　臺鐵的企業形象在一次又一次的鐵道事故之後逐漸崩壞，每次意外一發生，臺鐵即成了過街的老鼠、千夫所指的罪人。

　　但前交通部長賀陳旦卻疼惜著臺鐵有難言的苦處：「在省府時代，臺鐵就是一個必須時時回應地方需索的機構。」上級長官的各種有理與無理的要求：應不應該設站、要不要加班次、站站停靠？無論如何一定得準點？種種決定都不是臺鐵內部專業人員能自己做主的。在運務的經營壓力、票價成本的虧損、複雜度高的工程交辦之外，設備採購、人事派任、民代的政治關說……種種交相煎逼下，它一率概括承受，拖著百年沈痾的龍鍾老態默默地撐下去。

　　面對市場的激烈競爭，採購列車的車速一年快過一年，班次要多、到站要準時，因為「速度與效率等於進步現代」，「安全」反而成了最後一項優先排序？

鐵路是交通工具，也是一道迷人的風景，圖為南投集集線觀光列車。一百多年來，臺鐵從現代化的火車頭，到今日面臨嚴峻的挑戰，專家建議，重新找到臺鐵定位、落實班表、調整票價，或許可以贏得新的契機。（攝影／金成財）

四月二日太魯閣號的意外事故，異物入侵的工安問題固然是肇事主因，但賀陳旦也提到，一百三十公里的高速行駛，在行經緊鄰工區的轉彎路段時，需不需要有自保的安全減速機制？臺鐵有賦予司機員這樣的權責嗎？發現異常，停車可以成為司機員的一個選項嗎？還是必須「駛」命必達，一路開下去就對了？誤點的壓力大於安全的要求？

溫仲良形容今日的臺鐵有如「小媳婦」，公婆（主管機關）不疼、老公（乘客）冷淡、偶爾還要被妯娌（高鐵）欺負一下。

「臺鐵承擔了臺灣由農轉工的經濟發展歷程，以及在這歷程中城鄉關係的轉變，許多臺灣人的成長記憶都是在臺鐵搭乘的記憶中一起完成。」他表示，正視臺鐵的文化價值，可能比去跟妯娌（高鐵）比光鮮亮麗、比運輸效能還要重要，如果不能有這樣的價值轉型，繼續「以己之短，攻彼之長」，將會不可避免地仍落居下風，無法達到預期的改革效果。

未能將臺鐵民營化，曾是賀陳旦交通部長任內的一大遺憾。「民營化、公司化並非一個藥到病除的解方，

但卻是一個不可免、必須大家一起長期努力的方向。」
他剴切地說道，同時也提出了一些具體作法。

改革需奠立在互信基礎

面對運輸市場上的變局，首先臺鐵應該找到自己的
定位，究竟是長程的城際列車抑或是短距離的通勤列
車，不同的定位都將影響日後的車輛採購與班表制定
等方向。

其次在票價的調整上，他表示，臺鐵已經有二十五
年未曾調整票價，這種不顧成本績效的作法，實在很
難激發員工進步的動力。「其實早在十三年前，臺鐵
調漲票價就已經是個被行政院通過核定的方案，但當
時因為二○○八年的金融風暴而暫緩，延宕至今。」
彼時，高鐵也才剛開始營運，但那個時候他已經看出
臺鐵即將面臨一場不公平的苦戰，未來的情勢也將更
趨劣化。

今日臺鐵乘客的屬性與以往有很大的不同，例如某
些區域少了一般通勤族，觀光遊憩的乘客比例卻大幅
提昇，透過現代電子票務與數據技術，可以對旅客行

為作出準確分析，依此制訂合理費率，也可依據季節或乘客忠誠度設定常客優惠等多元票價。走營利導向並不見得會在服務品質上打折扣，端看你如何以企業化的眼光適度調整、靈活經營。賀陳旦認為，落實班表和調整票價，是贏得乘客和員工信任的不二法門。

臺鐵改革非易事，這一個浩大且艱鉅的工程，除了需要政府有破釜沈舟的決心，人民的支持更是強大的後盾。單信瑜認為臺鐵員工想要自保的心態無可厚非，只不過不應是透過反對來爭取權益，因為改革的這一天終會來到，他鼓勵無論是列車長、司機員或維修員，任何一名站在崗位上的基層員工，都可以提出自己的意見，讓改革的聲音由下而上。

賀陳旦更語重心長地說道：談公司化，需要長期有信任的溝通才能找到反彈少的變革方案，而信任是一開始的關鍵。

安全風險的紀律來自組織信念和價值觀，改變從「心」開始！與此同時，我們也不禁要問，府院欠了臺鐵十三年的票價調漲，是不是到了應該要兌現的時候了？

火車站，許多臺灣人成長記憶中的驛站，深繫臺灣人情感的歷史，也正是臺鐵無可取代的文化價值。（攝影 / 黃世澤）

陪伴

臺灣民眾的善念善行，
慈濟人的關懷膚慰，
分擔了淚水的沉重……

堅守崗位！
司機員的最後四秒鐘

司機員在最後僅剩四秒的反應時間內
仍急著全力踩煞車……

拯救生命的四秒鐘

二〇二一年四月二日上午九點二十八分四十七秒，在花蓮
清水隧道附近，一列臺鐵 408 次太魯閣號列車的時間霎然
終止，四十九條生命就此殞落……就在列車衝撞橫亙鐵道
之工程車的四秒前，三十三歲的司機員袁淳修仍堅守崗位，
不斷鳴笛、緊踩著煞車。如果沒有他的堅持，恐怕……

判讀事故經過

　　據當時的倖存者表示，很感謝為乘客犧牲自己的兩位駕
駛員，相信他們直到生命最後一刻仍努力地煞車，車子才
停下來。願主親自安慰他們的家人，和所有罹難的家屬和
每個關心他們的朋友們。

　　倖存者的說法，國家運輸安全調查委員會（簡稱運安會）
經之後的調查予以證實：司機員袁淳修在最後僅剩四秒的
反應時間內，仍急著全力踩煞車。

　　根據臺鐵提供的資料，臺北往花蓮南下方向到大清水路

頁 70 補遺：……段，先到和仁隧道，從和仁隧道南口出來到清水隧道北口只有 287 公尺；而從和仁隧道南口到事故點，只有 250 公尺。

臺鐵指出，大清水路段因無平交道，太魯閣號列車時速可達 130 公里，從煞車到停車需要 600 公尺、約 16.6 秒。以 250 公尺、時速 130 公里推算，列車駕駛看到軌道上的工程車時，能反應的時間才約 6.9 秒，根本來不及應變。

據《聯合報》報導，判讀過事故相關資料後，國安會主委楊宏智表示，事故列車撞到工程車，隨後撞進隧道，導致火車與隧道擠壓，因此造成嚴重死傷；他直言，隧道是「一個比較不幸的環境」。他還表示，司機短短四秒內立刻反應連續煞車到最大，同時鳴笛；在高速短距離、幾乎難已回天的狀況下，仍盡最大努力拯救全車乘客。

楊宏智指出，根據最新的 ATP（列車自動保護系統）資料、以及 TCMS（列車控制與管理系統）資料判讀顯示，司機員一看見工程車，只有短短四秒的反應時間。他說：「司機踩（拉）煞車，且連……（接頁 72）

清水隧道前，工作人員進行現場清理與救援。在事件發生當下，司機員在最後僅存的四秒反應時間內，仍堅守崗位，不斷鳴笛並緊踩煞車。（圖片／中央社）

續踩（拉），踩到最大且鳴笛，直到火車撞進隧道後所有資料停擺。」他強調，期間列車完全沒有超速，司機員看到時緊急鳴笛跟剎車，該做的都有做。

楊宏智表示，從工程上了解，如果事故發生的位置沒隧道，只是火車與工程車，以太魯閣號的速度與重量和工程車相比，災情會比較輕微；如同人在路上踢到一個鐵罐子，鐵罐理論上會被彈開了。然而，這次前方有個隧道，是「一個比較不幸的環境」：整輛火車與隧道擠壓，車頭的車廂出軌後，後面就會跟著出事。

根據行車記錄畫面，在駕駛艙的袁淳修首當其衝，車頭撞爛潰縮，他在生命最後一刻仍全力煞車與鳴笛，堅守崗位到殉職，身體也因此肢體分離。他殘缺的一條腿，一直留守在第八車，直到六日才尋獲，是所有罹難者中最後被尋獲的肢體。

任務已完成，請放心

殉職的司機員袁淳家修住臺中豐原。袁淳修學經歷相當優秀，從科大畢業後，原本想拚進臺積電；但為了減輕家中負擔，先簽下當志願役到金門服役三年，退伍後進入飯

店工作，接著考進臺鐵。

　　二〇一九年九月二十五日，袁淳修完成終身大事。當時他拿著臺灣第一部蒸汽機車騰雲號的圖卡，象徵自己對新娘的情感：「我會維持愛妳的溫度，煮滾水，讓愛的騰雲號跑一輩子。」不料，才新婚不到兩年，從此與愛妻天人永隔。

　　他們主管也是司機員出身的臺鐵臺北機務段運轉主任陳炳源，是在事故發生後第一時間通知家屬的人。據《蘋果新聞網》專訪，他談起當時通知的情況時，仍忍不住聲音顫抖。他說，四月二日一早打給淳修母親時告知此事時，淳修母親還嚇得回說：「你是不是詐騙集團？」當天下午再確認沛峰也殉職，只聽到電話那頭傳來沛峰母親直說著：「怎麼辦？我要怎麼辦？」讓電話這頭的他也忍不住鼻酸、落淚。

　　袁淳修的遺體，在花蓮火化後，計畫由臺鐵派專車載送骨灰和家屬回家，先到樹林站下車，再開到臺中站，骨灰將送臺中殯儀館暫存，家屬擇日帶到豐原觀音山公墓的納骨塔。

　　四月六日，鐵路局派柴油白強號列車運送淳修的骨灰回

臺中。花蓮站中午十二點發車，鐵路警察在場致敬。

列車於下午二時四十二分到達樹林站，機務處長陳詩本、樹林站長王增熙等臺鐵人員列隊，穿著正裝，胸前繫黃絲帶。列車進站時，眾人高喊「樹林站到了，任務結束」，送袁淳修最後一程，並敬禮致意。之後，專車繼續駛向臺中豐原。

至於任隨車機務的助理司機員江沛峰，得年三十二歲。他去年剛到臺鐵報到，目前正接受訓練，負責助理司機員任務。鐵道迷的他圓夢進入臺鐵，原本經過兩年訓練後即可升任見習司機員，未料遇上這場劫難。

他住新北樹林，臺鐵局原安排同班專車回到樹林老家；家屬因宗教程序未完成而婉拒，由神父陪同帶回。

他從小在教會長大，在教友們的心中是個乖巧又有音樂才華的孩子，只要有目標，就會盡全力達成。

他是文化大學電機系一〇四年畢業校友，也曾是華岡合唱團的男高音。中國文化大學校友總會特別號召華岡合唱團團員，要在告別式、追思彌撒中合唱江沛峰進入合唱團後所唱的第一首歌——文大校歌，送他最後一程。

文末謹以全國火車駕駛產業工會之發文敬悼兩位英雄：

我們以您為傲

　　一場突如其來的車禍奪走了兩位菁英的生命，被迫必須最輝煌的生命時刻畫上了休止符！這是我們所不能接受的，也不願相信的事實。

您們英勇的行為讓身為司機員的我們感到驕傲與不捨！從生還的旅客口中聽到，在驚恐中還能感受到您們盡力的想將傷害降低，克盡司機本份直到最後一刻，這讓我們多　的動容與感動！將司機員的專業價值表現得如此的徹底。

　　為了不再讓憾事發生，從悲痛中記取教訓！我們更堅定的捍衛行車安全的信念，一條安全回家的路不僅僅是對大眾的責任，也是我們對摯愛的親人們的一種承諾。

謝謝您們！淳修、沛峰，任務解除了！

努力到最後一刻 司機員回家了

——————————— 林瑋馨、魏玉縣（臺中慈濟志工）

「叭——叭——」響亮的火車鳴笛聲，在二〇二一年四月六日下午四點四十五分劃破天際，一列臺鐵專列載著太魯閣號司機員袁淳修的骨灰，以及陪伴他回臺中的親友，緩緩駛入臺中火車站；三號月臺上站滿了迎靈的人，空氣似乎也在此刻瞬間凝結。

四天前，當事故消息傳回袁淳修老家，二姊、三姊陪著淳修的妻子趕赴花蓮處理後事，大姊則留在豐原家中陪伴母親。豐原區慈濟志工林蔚文心想，發生這樣的無常，家人必是萬分地難過與不捨；隔天早上八點多，便與莊茂榮、林心罕二位志工，一起前往探望袁媽媽。

虔誠信仰一貫道的袁媽媽，向志工說：「我很慶幸他不用經歷『老』與『病』！」一語道盡為人母頓失愛子的慟！

四月六日早上八點多，淳修的遺體在家人的陪伴下，

1月6日，殉職司機員袁淳修完成大體火化，臺鐵首開先例，派專列列車從花蓮出發，護送他的骨灰停靠生前值班的樹林站，家屬與昔日的同事們也一同上車，陪伴任務結束，完成下班儀式，接著專車繼續開往老家臺中，移靈臺中殯儀館。親友、臺鐵員工、慈濟志工等在臺中車站迎靈，志工向袁淳修合十敬禮，以誠敬的心送走移靈車隊，前往殯儀館。（攝影／章宏達）

自花蓮市立殯儀館移出至吉安火葬場火化。淳修和助理司機員直到生命最後一刻都盡忠職守，竭盡全力踩足煞車，想要拯救全車乘客；所以臺鐵首開先例，以專列列車護送淳修回家。

淳修要回來了！上午九點多，志工再度前往豐原陪伴袁媽媽。袁媽媽小時候為了幫忙家計、照顧弟弟妹妹，只讀到國小畢業，卻寫得一手好字。她總覺得自己要修行，因此常看經書，潛修佛法。

指著牆上的書法，袁媽媽向志工緩緩說道：「若能心空苦便無　了斷生死付真如　過去未來與現在　近在自身人昧乎　頓入無生不隨境」；再對應旁邊的一幅字，「了身何似了心休　了得心兮身不愁　若也身心俱了了　神仙何必更封侯」，感覺袁媽媽對於世間的了悟，已經超越了俗世變化。

淳修回家的路上，昔日的同事們也上車共乘一段，要他安心下班。當列車抵達臺中火車站，迎接他的是親友與同事。六十五名慈濟志工從二樓延伸到一樓，一字排開迎靈；有一個挺拔的身影就站在迎靈隊伍的後方，定睛望著月臺出口；他左胸前的掛牌，標示著

「司機員」三個字。

「剛下班嗎？」志工問。

「嗯。」輕輕點一下頭。

「你認識他嗎？」志工再問，是否與淳修相識。

「不認識。」

「喔。」這下換志工無言了。

「我是特地來向他致意的。」年輕人補說了一句。

月臺上，不遠處有兩個穿著黑衣的大男生，啜泣聲讓人聽來鼻酸，他們是從小跟淳修一起長大的好兄弟。之後移靈到臺中市立殯儀館，六十位當區慈濟志工也在場列隊迎靈。

四月八日是太魯閣號出軌事件罹難者的「頭七」，這一天經過清水隧道的列車均以鳴笛致意；上午九時二十八分，也就是事故發生的時間點，所有在執勤中的列車也同步鳴笛，期盼逝去的英靈能護佑人們，免於再受災厄。

小心，
拉好我的手⋯⋯

為了活下來，他們只能跨過一具具遺體
求救，直言「心理傷害更甚肉體」⋯⋯

悲傷⋯⋯與感恩

突如其來的衝擊，一陣天翻地覆⋯⋯還保持清醒、尚可走動的乘客，開始試著走出車廂⋯⋯

慌亂後的互助

　　據《鏡週刊》報導，一位當時坐在第七節車廂的乘客表示，事故發生時，列車受到強力撞擊，劇烈搖晃，接著快速滑行，還邊滑邊晃，震動幅度很大，車廂裡的人撞倒一地，他說，可能當時已經出軌！

　　接著，車子撞山，現場紛亂，傷者在黑暗的隧道中哀嚎，還有人驚慌失措地尖叫。他跟幾個傷勢較輕的人，打破車窗，大家互助著，爬出車廂；回首第七車廂裡，仍有些人渾身是血，躺在地上動也不動。當時，有些人在站在車頭、車尾，受到衝擊更大，也許傷亡會更為嚴重。

　　據《華視新聞》採訪，不少民眾用手機拍下意外當下他們在車內等待救援的情況，有人幫忙確認是否有傷患，幸

撞擊過後，列車彷彿天翻地覆。尚可走動的乘客，在救護人員攙扶下緩慢離開車廂。（攝影／蔡哲文）

運逃出車外的也幫忙其他人指路；在救難人員抵達之前，大家彼此互助，希望能盡快逃出車外。

親眼目睹工程車及火車車頭被撞到變形，列車座椅東倒西歪、玻璃碎了一地，許多人嚇到目瞪口呆，都不敢相信眼前的景象。

依 TVBS 的報導，一名帶著妻女坐在第七車廂的乘客，事發當下目睹站票乘客遭拋飛車外，窗外甚至還有尖銳物品刺入。為了活下來，他們只能跨過一具具遺體求救，痛心直言「心理傷害更甚肉體」。

上百名乘客受困在車廂內，有些還能自己脫困的人，嘗試爬上車頂，互相幫忙，手拉手一起從車頂上走出隧道外；每個人臉上都帶著驚恐，還有人滿身是血地被救出來。

倖存的乘客一個個地在車頂上排隊，被救難人員扶下車頂。乘客們不只衣服上染上血跡，每個人身上都有大大小小的傷口，死裡逃生，幾乎快沒力氣；還有人拖著行李箱走在車頂上，看起來相當疲憊。

爬出車窗、走上列車車頂，一路往隧道出口走，這才覺得終於脫困，看到一線生機……

一位乘客於歷劫後於臉書貼文表示，當車門好不容易打

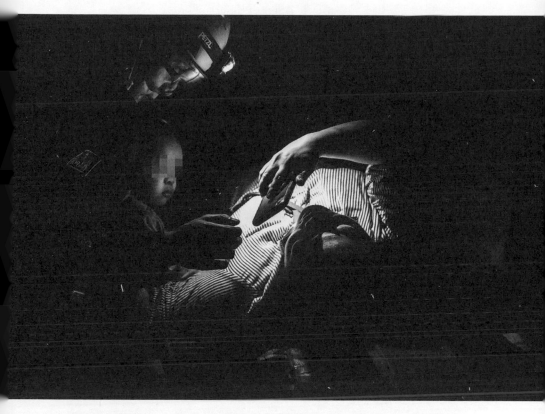

黑暗的隧道中，孩子徬徨無神，還能在家人身邊，已是最大的
安慰。（攝影／蔡哲文）

開時，大家沒有爭先恐後，而是手把手地扶持身旁的人，之後還有兩名健壯的乘客主動在門口接應大家下車。

倖存的列車長幫助其他人脫身出來後，繼續幫忙大家疏散、協助大家提行李走過鐵軌，再折回現場協助救災。

趕到現場的每一位警消人員都忙得焦頭爛額，仍保持冷靜、耐心地向乘客解釋狀況；「獲救的人沒有抱怨或躁動，而是互相詢問傷勢、分配補給的水和食物。」

看到這樣的狀況，這位乘客直言「感恩！」一名自稱當時在第三節車廂的網友也表示：「我的感想也跟你一樣，一直感受到大家的互助與溫暖。我們都不知道發生什麼事，但大家都只想著幫助彼此。」

乘客協助救災

不僅乘客們互助，也幸好當時列車上有消防專業的乘客，不顧自身安危地協助救難，為救援生命爭取更多時間。

受傷的民眾待在列車頂，等待救護人員協助。下：獲救的民眾沒有爭先恐後，而是手把手彼此扶持，感受到互助與溫暖。（攝影／蔡哲文）

依《聯合報》報導，當時車上一名受困女乘客是新北市民，打電話回家給母親報平安，同時表示車內情況很糟糕，母親急電新北市一一九求救。當時的一一九執勤員受理報案後立即向上通報後，於當天上午九點三十七分以回撥手機方式，與該名女乘客連線，運用視訊追蹤現場情況。

因女乘客的手機流量問題無法長時間連線，她找到同在列車上的某張姓乘客。在一一九執勤員指引下，曾服過消防替代役的張男加入新北市消防局官方 LINE 帳號，開啟視訊，前往最嚴重的六至八節車廂協助檢傷分類。

從視訊影像中可見車內昏暗、車體扭曲、滿是傷者；經過半小時檢傷分類，得知 OHCA（俗稱「到院前死亡」）十人、重傷十人、輕傷六十四人，此訊息再經值勤員通報花蓮縣消防局與消防署。

此時花蓮縣消防人員已到場，值勤員也請張姓乘客將檢傷資訊告知指揮官，優先救治重傷者。

新北市消防局表示，此次救援除執勤人員專業引導，更要感謝張先生熱心查看乘客生命徵象與第一時間檢傷，使消防人員到場時能依檢傷分級、快速急救與送醫，讓消防單位在第一時間掌握傷情、加派支援、縮短黃金救援時間。

上百名乘客受困車廂，能夠自行脫困的人，互相幫助下爬上車頂，緩步走出隧道外。(攝影／蔡哲文)

請先送我父母去醫院

——— 口述：陳慕湘（花蓮慈濟志工）整理：黃秀花

先是從電視上獲知事故訊息，接著收到動員通知，我邊換上藍天白雲制服，邊用手機擴音方式通知組內的八位師姊，共乘兩輛車立即往崇德車站出發。

二○○六年三月，崇德站的南端發生自強號列車撞死五名鐵道維修工人的意外，當時✓志工就曾前往關懷，活生生的人體拼圖畫面已在我眼前展演過；也因有那次經驗，這次面對這麼大的災難，我似乎更有勇氣，從頭到尾都沒有掉淚，很冷靜地調派人力，分赴仁水隧道事故現場、崇德站、慈濟醫院、國軍花蓮總醫院、殯儀館等處關懷。

崇德站非常小，人煙稀少，我們費了一番工夫才找著。要從蘇花公路下到月臺，需走層層階梯，周遭也只能停放兩、三輛車；一旦有傷患要運送上救護車，必須越過兩道鐵道、再走石子路才能送抵，艱辛又耗費時間。因此，後來運送點就改至較大的新城站。

隧道前，警消救護車在現場不停奔走，期能在第一時間將傷患
送往醫院。(攝影／蔡哲文)

待命沒幾分鐘，就看見第一輛列車從事故現場駛來，有三位傷患被抬下來，他們是一家人，爸爸、媽媽及小兒子，而大兒子已在仁水隧道就被救護車送到醫院了。

　　我第一時間安撫著小男孩；他右腳骨折，感覺非常痛。他開口第一句話便說：「我可不可以坐下？」但崇德站正在整修，月臺上根本就沒有椅子；他第二句再問：「我爸爸媽媽呢？」我回應：「他們就在你對面，都很好。」

　　我們輕輕將他放下坐好，他又頻頻喊：「好痛！可不可以讓我躺平？」我們發現月臺上有沙包，就把它移來讓他當枕頭墊著；然後，他又再喊：「我的腳好痛喔，可以幫我打直再墊高一點嗎？」於是，我們又拿來幾塊木板將他的腳墊高。

　　躺好後，他再次問了父母狀況。我回答：「他們很好。你不要怕，師姑會陪伴你，你可以安心了。若還是很痛，就深呼吸，深呼吸會減緩你的痛！」

　　男孩後來又問：「等一下我們要去哪裡？」我說：「輪椅和擔架馬上就過來，會送你們去醫院。」他問：「我

傷得嚴不嚴重？」我安慰他：「你不嚴重，算是傷勢較輕的；這個骨折沒問題，要相信醫師會處理好。」

他的父親行動困難，臉色發白，媽媽也嚇得一直發抖；男孩重複講了好幾遍：「我可以等、可以忍，你們要先送我爸爸媽媽去醫院！」他的這分孝心，著實讓人感動。

第二輛列車駛近，除了送來傷患，幾位師兄上車協助搬下一具具大體，暫時安放在月臺。我告訴自己：我們是來膚慰的，一定要堅強。我們在旁助念，並且很有默契地排成一列人牆，不著痕跡地保護大體。

傷患承受著極端的痛苦，要被綁上繃帶那瞬間，不時發出慘叫聲；我把自己的手讓傷者緊握住，感到很不捨又心痛，就摸摸他的額頭，安撫說：「你深呼吸，一下子就過去了。」

後來，我發現自己的手沾滿了血跡，這是救人的印記。鮮血可以洗掉，但這場傷痛的記憶將很難抹滅。上人一再叮嚀：做過以後，要前腳走、後腳放；我會銘記在心，因為還有很多事要做，必須盡快調整心態，堅強面對接下來的路。

搶救生命！
在血腥味與機油味之間

全部隊員整天不休息，
「因為要救到救不到為止！

緊急救援！

撞車事件發生後，包括紅十字會花蓮中隊等多個搜救隊以及警消，迅速前往現場搶救生命。

充滿血腥味的現場

　　紅十字會花蓮中隊接獲消防隊通報後，由副中隊長林啟豐領軍共十九人，緊急趕赴現場救災。

　　據《聯合報》報導，當他們趕抵現場時，輕傷者多已自行脫困走出車廂，隧道內的乘客則亟待救援。

　　車廂在隧道內撞擊，已嚴重毀壞，有車廂甚至嚴重斷裂；儘管林啟豐參與紅十字會已有二十年救災經驗，目睹現場時仍不禁感到「這次真的很嚴重」。

　　事故範圍多在隧道內，闃黑無光，需人工光源照明協助患者脫困，不過，等到林一開頭燈，映入眼簾的是滿身血、滿身傷的人間悲劇。

　　隊員們在隧道的局限空間裡積極搶救，受困乘客多被殘

車廂在隧道內撞擊後，扭曲斷裂，搜救人員在血腥味與機油味間搶救生命。（攝影/蔡哲文）

骸壓住，多是中、重度受傷與嚴重骨折；做好基本支撐後使用破壞剪、切割器，盡可能搶救每一個生還者，遺體也盡量保持完整。林啟豐表示，全部隊員整天不休息，「因為要救到救不到為止」。

臺北市消防局接獲通報後亦立即出勤協助救災，派出搜救隊分兩梯次馳援：先遣兩部八人車，由北市搜救隊劉奎佑副隊長率領，於下午一點十五分到達事故現場，接受任務分派。隨後由隊長洪超倫擔任指揮官，率隊增援。總計調度兩個大隊、十八個分隊，共計十八輛車、人員四十五名。

搜救人員至擠壓在隧道內的第一節至第六節車廂，戴上頭燈搜救，除了敲打撬開變形車體每一角落，找尋生還者，還搬運明顯死亡的罹難者，也尋獲半身、大腿等巨型屍塊。

洪超倫回憶，北市人力到場時，可行走的生還者已先行疏散脫困；最困難的搜索行動在於，列車車軌撞隧道壁，停電且擠壓扭曲變形，車體歪七扭八，同仁必須打頭燈在黑暗中進行搜索，且注意自身安全，小心鋒利尖銳的鐵片。

進入車廂內部，乘客物品散落一地，罹難者倒在車廂內，身旁還有散落的皮膚屍塊，搜救人員只能先拾起碎片、塊

狀裝袋，甚至現場還有僅剩下半身的遺體，還有一隻大腿，尚待確認身分。

經過一遍又一遍地搜索確認，持破壞機具切割破壞車體，不斷發現罹難者，人數持續攀升。為確認是否有未知人員可能被壓在車廂及鐵軌之間，搜救員敲開縫隙逐一查看，確認是否還有人員待救援，不放過任何一處。

副大隊長陳勇安指出，在隧道、車廂漆黑一片，加上停電狀態下，使用破壞機具產生熱能，空氣異常悶熱，且動線狹窄，隧道和車廂間部分區域還得側身才能經過，現場分配動線，搜救員在狹窄空間逐一搬運移置遺體。

基隆市消防局也派員前往支援。在本次事故中，總計動員特種搜救隊人員十六人、義消特種搜救隊五人、救災車輛六輛及各式救災裝備器材，

依《中時》報導，帶著搜救隊挺進支援的基隆市消防局第一大隊副大隊長蘇元鏞回憶，第七、八節車廂受撞擊後扭曲變形，穿梭其中救災相當不易，必須配戴頭燈與手電筒，每走一步都會看見屍塊，隧道與車廂內充滿血腥味，令人回想時仍舊怵目驚心。

蘇元鏞說，車廂內有許多年幼的孩子，當時有位媽媽哭

喊要找女兒遺體，但只見上身，下身卻尚未尋獲，期盼救
災人員能找到另一半身軀，讓遺體得以完整。皇天不負苦
心人，在數度搜尋過程中，總算找到一具下身；雖不確定
是否是女孩的下身，但媽媽仍當場放聲痛哭，一度無法言
語。

罹難者中最後一具移出的遺體，是受困隧道內第六節車
廂、二十一歲的現役憲兵莊建致。搜救人員默禱：「我們
是來幫你的，你也要幫你自己，希望沒有傷到你。」一邊
移除壓在他身上十五噸重的轉向架。在受困四天、七十多
小時後，這名年輕憲兵終於離開事故現場。幾天來不眠不
休的搜救作業，至此告一段落。

揮之不去的怵目驚心

當天下午兩點左右抵達馳援救災的基隆市搜救隊小隊長
張峻騰回憶，從事消防工作二十七年，第一次感受到何謂
「屍橫遍野」；只要想起當時的搜救場景，就不敢吃肉。

根據《蘋果新聞網》報導，張峻騰表示，抵達事故現場
後，他們先架梯依序爬上列車車頂，沿著車頂朝隧道前進；
原本只是沿車廂搜索，後來傳來命令須直奔第七、八節車

隧道內漆黑一片，穿梭其中救援不易，救難人員依賴頭燈確認
現場資料。(攝影 / 蔡哲文)

廂，有許多民眾需要救援。沿途都有看見蓋上白布或屍袋的遺體，整個空氣中瀰漫著血腥味與機油味。

張峻騰搜救當下，見到不少支離破碎、扭曲變形的遺體；他心想，這些人很可能連發生什麼事都不知道，就突然死亡，他一定要好好送這些罹難者最後一程，盡量讓遺體完整。這次的救援，他幾乎感受不到遺體的完整，甚至無法判斷是在觸碰遺體的哪個部位。直到現在，只要一闔眼就無法好好睡，還不敢吃絞肉。所幸，有心理諮商幫他解決心中的不適感。

同樣也參與救援的新北消防局特搜大隊組長周祐陞說，當天大約在十二時許就抵達現場救災，看見太魯閣號一至三節車廂在隧道外，四到八節車廂都在清水隧道內。進入車廂，第一眼就覺得像是被轟炸過，裡面斷垣殘壁，中間的鐵軌也都不完整，四處都是鐵塊、碎石或碎片，還有許多乘客被擠壓變形，人體組織四散各處，已無生命跡象的患者被椅子壓在下面，畫面怵目驚心。

一名加入救援行列的義消賴建良接受《東森新聞》訪問時表示，他閉上眼睛仍會想起他在事故現場一直撿罹難者殘肢，雙手是血的場景，幾乎每一節車廂旁都是遺體，身

心飽受煎熬，直言陰影很大。

　　事發當時正在幫客人保養冷氣的賴建良，收到需要支援的訊息，急忙向客人解釋，有事情要先離開，就迅速把工具收好，回家換上消防衣、帽、鞋、救助服，一心想著要迅速衝到現場救人。

　　賴建良提到，撿大體時，他真的沒想太多，就徒手一直撿、一直撿，哪邊有頭髮、有腿，有殘肢就盡量包到袋子裡，一心想要把他們的身體組合起來，讓死者們有完整的身體。

　　賴建良憶起，撿到後來，發現自己整個手都是血，才戴上橡膠手套繼續工作。

　　賴建良表示，太魯閣事故過了好幾天，他還是陷在難過的情緒中；晚上回家睡覺時，那些畫面還是會浮現在腦海中，揮之不去，就連天亮了也一直睡不著，還是會一直想到事故現場。

　　另一名義消林宇祥表示，當時心裡只想著救人第一，沒有想太多；但是，救災後好幾天，他心裡還是會害怕、有陰影。因為，他看到這麼嚴重的現場，車廂外都是四肢分離的遺體，幾乎沒一具完整的；由於隧道外離車廂有一大

車廂扭曲變形，許多民眾被壓
在其中，搜救人員翻開車體與
座位的縫隙，利用擔架將受災
民眾救出。（攝影／蔡哲文）

段距離，只能從車頂把遺體一一運出去。

參與救援的花蓮壽豐義消救難隊員李德緯於臉書述說了他搜救時的所見。其中一則為，一位倖存的楊爸爸，長女脫困，六歲的小女兒卻不幸罹難。看著搜救人員抱著已無意識的小女兒，他脫口說出：「可以讓我再抱抱她嗎？」讓李德緯瞬間紅了眼眶，差點在家屬前情緒潰堤。事後，楊爸爸也現身留言區回應李德緯：「感謝你們的幫忙，讓我至少還有一個女兒。」

另一則提到，當他挺進變形最嚴重的第八節車廂時，於角落瞥見一隻螢幕碎裂的手機頻頻亮起，一看才發現是來自「爸爸」的電話，未接來電已十八通，讓他頓時心頭一酸。他希望，那只是倉皇逃生的乘客所遺留的手機，好讓電話那頭的爸爸少些心碎。

現場奔忙的波麗士大人

發生如此重大的死傷事件，花蓮縣警察局調度大量警力前往花蓮市立殯儀館協助家屬指認及檢方相驗。許多在花蓮市殯儀館、招魂現場支援勤務的警員，看著罹難者家屬哀痛認屍、生離死別的畫面，心情相當沉重，無不倍感哀

痛。

依《自由時報》報導，警政署長陳家欽至花蓮關切勤務時，特別指示花蓮縣警察局加強執勤警員的心理建設，以及勤務勞逸、休憩處所及行動補給等都應妥適規畫，也在第一時間另外調度保一總隊、花蓮港警局等警力到花蓮支援，分別擔任事故現場維安、救護路線交通疏導、相驗處所秩序及安全維護、相驗及死者身分確認工作。

花蓮分局局長郝心誠亦表示，很多同仁都是不分日夜的投入第一線工作，尤其是協助認屍的同仁跟鑑識人員，都是直接好多具殘破不全的大體，畫面在腦中揮之不去，等事件告一段落，他會請相關醫療、心理專業人員來協助同仁紓解壓力。

據《聯合報》報導，警政署鐵路警察局接獲通報列車事故，便立即動員全線員警趕往救援；待罹難者遺體及傷者分別送往殯儀館和醫院後，仍堅守崗位駐守事故現場，協助清理遺留物和接受花蓮地檢署主任檢察官指揮偵查事故發生原因、釐清肇責。

警政署鐵路警察局並啟動安家服務專案，持續協助清查乘客遺留物。員警們強忍悲痛情緒和車廂內濃厚油味、異

味，有節奏、按步驟的謹慎嚴肅清查，將現場遺留物分別進行檢視、編號、標示、錄影和照相。

清查後的遺留物送到殯儀館或花蓮車站，民眾若要領回遺留物都可洽查各地車站及鐵警局各地分局和分駐派出所詢問，盼員警貼心行動可讓民眾安心、暖心。

此外，鐵路警察局局長魏慶賢在案發第一時間就從臺北趕赴現場指揮調度；部分幹部連換洗衣物都來不及帶，即由臺北趕赴支援，連續幾天都只休息三小時，眾人心中只有「任務完成」的信念。

魏慶賢表示，身為警察就是要肩負起這些救苦救難的任務，秉持「同體大悲」的心情，盡心盡力做好，勉勵團結一心、全力以赴。

陸續有臺東地區的罹難者家屬，在完成相驗確認身分之後，準備靈車運送親人遺體返回臺東；臺東縣警察局特別派遣前導及護衛巡邏車，護送家屬車輛安全返家。當靈車準備出發時，在現場的工作人員、志工、員警無不倍感哀

事故後第二天，工程人員努力整備受損的鐵軌（下），嘗試將太魯閣號的車頭移離現場（上）。（攝影／蕭耀華）

戚，列隊向準備返家的罹難者行最敬禮，以表達最大的尊重及敬意，並向家屬表達哀戚之意。

救救搜救英雄的心

有倖存者事後發文提到，他看見第一批來到的救難人員急忙衝向山洞，因為太焦急，還一度跌在鐵軌旁；他還聽見，年輕救難員一邊動作、一邊手抖個不停，一旁老練的救難員對他說：「不要想太多、盡全力救就好。」

傳出有消防人員見到慘狀後，忍不住嘔吐不止，讓不少網友紛紛在臉書、Dcard 上發文，希望相關單位可以給予第一線人員心理輔導機制。

有一名男大生便在知名社群論壇「Dcard」發文表示，以英國來說，曾經發生大樓大火七十一死的案件後（二〇一七年，二十四層住宅塔樓「格蘭菲塔」（Grenfell Tower）大火災），英國政府提供額外一百五十萬英鎊（約臺幣六千一百九十萬元）給協助第一線人員心理輔導的「藍光計畫」治療心理創傷，確保消防員有情感依靠，並接受輔導。他建議，「或許行政院衛福部、內政部消防署可以成立類似的『藍光計畫』，給予可靠、隱私的第一線人員

心理輔導機制」。

如前所述，太魯閣號出軌事件多天之後，仍有救災及警消隊員，閉上眼就彷彿回到現場的慘況，甚至惡夢連連、無法入睡。

新北消防局特搜大隊組長周祐陞便提到，他擔憂隊員在事故救援後患有創傷後壓力症候群（post-traumatic stress disorder，簡稱 PTSD），尤其許多年輕隊員沒有重大事故相關經驗，因此壓力會相當大；消防局會做更多的輔導，讓年輕的消防員紓解壓力。

鐵路警察局亦指出，有許多資深員警都是第一次碰到這種大事故，加上近兩年有許多剛畢業的新兵加入；局長魏慶賢坐鎮現場時，也相當關心員警們的心理調適，並給予安撫慰勉。

花蓮慈濟醫院靜思心理治療與諮商中心主任林喬祥醫師說，事件至今，不只罹難者家屬及事件當事人，包括警消及搶救同仁，因目睹事件中的狀況，都經歷很大的衝擊、「助人者的身心狀況更需要來尋求協助。」

據了解，有警消單位向慈濟服務中心提出幫忙，因為有多位協助相驗的警察人員，陸續出現焦慮、無法入睡、惡

夢連連；因此，花蓮慈濟醫院協助設置安心諮詢站，提供更專業的諮詢與照護。

林喬祥說，經歷重大災難現場，有些人第一時間會出現「急性壓力反應」，情緒大受影響，有些人則是過段時間，甚至隔週、隔月才出現「創傷後壓力症候群」而急性壓力的反應，可能是情緒波動較大、晚上靜不下來，容易焦慮、做惡夢，或一直回想災難發生的慘況，或有人對於火車聲音、救護車聲音特別敏感，一聽到就會害怕，或是刻意迴避相關場景，不敢坐火車。

「不是因為你比較脆弱才這樣！」林喬祥強調，而是暴露在這樣的情況，不限於受災者，救難人員乃至於社工人員的身心狀態也可能會有這些反應，產生所謂的「替代性創傷」（vicarious traumatization）；對此無須忌諱，都應該尋求專業協助。

第一線的搜救人員在災難現場，往往得承受難以想像的心理壓
力，甚至會有創傷後壓力症候群的風險。（攝影／蔡哲文）

在陰暗隧道裡
看見溫暖悲心的白袍

—————————— 陳誼謙（慈濟基金會公傳處）

　　一張在暗無天日的隧道火車事故現場、白袍醫師緊抱孩童的照片；一位年過七十、同樣穿白袍的醫師，在事故現場搶救傷患的畫面；一位具有特搜隊員身分的男性夜班護理長，不是在特搜救人、就是在護理站救命。他們都是此次太魯閣事件的救護英雄。

　　四月二日，臺鐵一輛太魯閣火車在隧道發生事故，造成嚴重死傷，第一時間，軍警消巡、臺鐵人員、各地搜救隊員緊急前往搶救，花蓮慈濟醫院也立即派出醫護前往失事現場醫治與搶救傷患。

————————————————————————

慈濟醫療志業執行長林俊龍（中）得知事故後，馬上跟著醫護同仁趕往失事現場支援（上）。花蓮慈濟醫院林欣榮院長（前排左三）第一時間帶領醫護人員，前往現場搶救傷患（下）。（上／劉秋伶攝；下／蕭耀華攝）

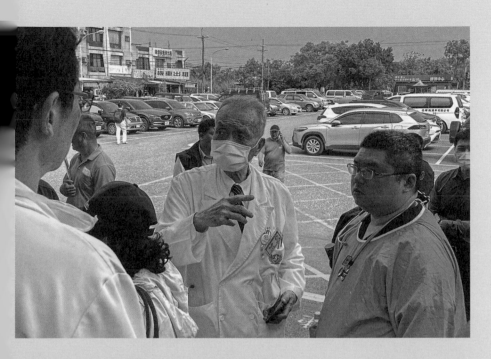

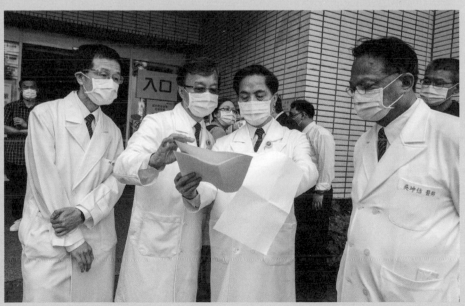

事故發生後，救難人員陸續救出民眾；傷者雖分輕傷、中傷、重傷，但即使未受傷，同樣受到驚嚇。一位帶著年幼孩子的媽媽在火車失事後受到輕傷，但因為被突如其來的撞擊而驚嚇到癱在地上，身邊的年幼孩子也跟著嚇哭。

此時，身為花蓮縣消防局救護義消大隊長、又是花蓮慈濟醫院骨科部主治醫師的吳坤佶，立即將哭鬧的孩童抱在懷裡，不斷安撫及輕聲安慰著這位離開媽媽身邊的孩童；暖心的擁抱讓小孩不再哭鬧，安靜地讓這位穿著白袍的醫師伯伯抱著。這位醫師給人溫暖安全依靠的畫面，在一旁的救護義消蔡哲文看到此景，留下這位仁醫的溫情畫面。

同樣第一時間趕往事故現場的醫護中，出現一位不斷協助搶救傷患的白髮醫師；他是心臟內科權威，現年七十七歲、行醫四十多年，經常投入海內外救災義診的慈濟醫療志業執行長林俊龍。林俊龍得知事故後，馬上跟著醫護同仁趕到失事現場支援；除了檢查傷勢、參與搶救傷患，也幫忙安撫傷者、替傷者補充水分。

林俊龍醫師說，兩年多前，他也曾參與普悠瑪列車

在宜蘭新馬站出軌事故的救災工作。普悠瑪列車當時是「脫軌散出去」；這一次太魯閣失事則是車廂擠在密閉的隧道內，救援工作上極為困難；加上車廂、車體遭到嚴重擠壓，隧道內漆黑一片，更添救援難度。

此外，花蓮慈濟醫院有一位具有特搜隊員身分的夜間男性護理長涂炳旭；他在得知太魯閣號失事後，特搜隊員兼具護理專業的能力，成為搶救傷患的助力。上班時間，他在護理站照護傷者；下班後，便到救難現場搶救生命。事故發生後，涂炳旭不是在救人，就是在前往救人的路上。

涂炳旭是花蓮慈濟醫院於一九九五年八月聘任的首位男性護理師。這位花蓮慈院首位「男」丁格爾，擁有豐富急診及災難護理經驗與專業，是國內少有的災難護理講師，亦為東區緊急救難中心的重要成員。

不論是在陰暗的隧道事故現場看見溫暖悲心的白袍，或是在失事現場搶救生命的白髮醫師，抑或是聞聲救苦的「男」丁格爾，他們都是花蓮慈濟醫療體系的醫護人員；是臺鐵太魯閣號事故中數百位「聞聲救苦」的醫護菩薩之一，更是在前線為搶救生命衝第一。

祈禱曙光照亮幽暗隧道

葉子豪（慈濟月刊撰述）

　　四月二日清明節四天連假第一天，編號 408 車次的臺鐵太魯閣號列車，上午九點二十八分行經北迴鐵路崇德和仁段時，撞上了從邊坡滑落的工程車，三百多噸重的金屬車身瞬間偏離軌道，在失控的狀態下，以超過一百二十公里的時速撞進了清水隧道，造成四十九人罹難、兩百一十六人輕重傷，是臺灣鐵路史上傷亡人數最高的意外事故。

　　許多花東鄉親在家中靜待親友歸來一同掃墓，等到的卻是天人永隔的噩耗。有些住在北部的家屬，擔心鐵路因事故受阻，於是自行開車趕往花蓮，沒想到塞車嚴重，心急如焚卻又寸步難行，還目睹救護車、消防車，乃至殯葬業者的黑色靈車，衝向事故現場，更叫人情何以堪！

　　「消息出來以後，我就在群組裡發布，請大家在家整裝待命。」花蓮慈濟志工范壘說明，十一點左右，

事故發生後，慈濟志工趕往殯儀館設站，日夜關懷罹難者家屬，靜思精舍法師陪伴支持。（攝影／蕭耀華）

團隊就分兩路展開行動——一組驅車前往事發現場，了解狀況並安撫脫困人員；另一組趕往靜思堂盤點物資，接著開貨車把帳棚、福慧床、隔屏等用具，載到清水隧道事故現場及臺鐵崇德站、新城站等檢傷區設立服務站。

與此同時，靜思精舍師父開始準備便當，支援第一線救難。「十一點多我們成立指揮中心，中午先送出五百多份餐盒。」花蓮本會災防組組長呂學正補充。

一如以往應災的標準作業流程，慈善團隊很快動起來；花蓮慈濟醫院發出「紅色九號」訊息，近千人次醫護、行政人員立即投入應變。慈濟醫療志業執行長林俊龍則率領醫療團隊，搭乘救護車趕往清水隧道現場搶救。

臺北慈濟醫院護理長陳美慧也在這班火車上；她的座位在最後一節車廂，因此沒有像最前端的第八、七、六車受到致命衝擊。然而，具備護理技能的她卻一度受困；「我們這一車的人全部平安，但斷電了，車門打不開，所以被封鎖在車廂裡。」

經救難人員搶救脫困後，陳美慧立即加入救護團隊

協助疏散並安撫傷者，當時慈濟的醫護人員主要是做檢傷分類。「輕傷的直接送醫，較嚴重的當場實施急救，先讓他的心跳血壓能夠穩定。」林俊龍表示，慈濟醫院已準備好收治大量重傷患，但接收到的人數並沒有預期得多，「列車卡在隧道裡，空間有限救援困難，輕傷的人可以自己走出來，但腹部、胸部受重創的沒辦法，在現場就往生了。」林俊龍感慨道。

救護車奔馳在公路的大清水隧道與花蓮市區之間，載傷患也運大體。由於傷亡人數實在太多，臺鐵特別出動列車疏運，專列從北邊出發往南行駛到清水隧道事故現場，接運脫困者及往生者大體後，再向北行駛到調車點，之後切換軌道經另一條隧道南下。到達轉運的崇德、新城車站後，傷患由救護單位送醫，裝在屍袋中的大體，則由檢察官就地初步勘驗，然後移靈到花蓮縣市立殯儀館供家屬認領。

「下午三點左右，搜救隊說，裡面沒有生還者了⋯⋯」得知隧道裡還有多人受困，但已無生存希望後，范畾心情沉重，不知怎麼面對幸運脫困、卻堅持等到孩子被救出來的那對夫妻。「我不敢打破他們的

希望，沒辦法殘忍地對他們說：『都走了』……」

最艱難的任務

能夠自行走出車廂，走上接駁專列、救護車的人，就算遍體鱗傷、手腳骨折，經醫師診治後多半沒有大問題。綜觀傷亡情形，可以說在生與死之間，並沒有太寬的模糊地帶，罹難者大多已在事故地點走完人生最後一程；如何安撫家屬，成了另一項艱難的任務。

慈濟志工在殯儀館輪番陪伴，從白天值班到黑夜。呂鳳瑛守值晚間十一點到次日凌晨一點的「跨日班」，等著開車接送家屬的志工返回：「我們分兩部車載他們回飯店，每部車都有一位師姊陪伴。明天我們還要陪他們去買衣服，讓離開的孩子穿得可愛可愛的。」

呂鳳瑛細數慈濟服務中心備便的物資，麵包、瓶裝水供家屬、工作人員隨時取用，吃不下飯時，也可用一小根香蕉補充體力。志工們甚至連口罩都準備好了，

事故第二天清晨，慈濟志工載來靜思精舍常住師父做的素食餐盒，為工作人員及媒體記者提供早餐。（攝影／蕭耀華）

可供一整天奔波在事故現場與太平間的家屬更換。

「他們回來了！」四月三日凌晨零點時分，負責接送罹難者家屬的志工返回殯儀館，下車的人是花蓮慈濟醫院行政人員李思蓓和同在慈濟醫院服務的夫婿馮清榮；從事故發生啟動應變機制到當日深夜，李思蓓幾乎把所有時間都投入。儘管　第二天還要到醫院關懷傷者，她依舊捨不得休息，把握每分每秒陪伴罹難者家屬。

暗夜裡的認屍作業，迫使家屬們不得不面對親人離世的現實；而事故第二天的招魂儀式，則是讓天地為之同悲。家屬於四月三日下午分乘六輛巴士，手持白幡、捧著牌位來到事故現場，慈濟志工也以一組對一家的方式，陪在家屬身邊。

「回家了！」聲聲呼喊字字悲痛，家屬們哭紅了眼眶，陪伴的慈濟人也不禁落淚，但仍站在家屬們的背後，做他們最堅強的依靠。

「有人昏倒了……」一位婦人因悲傷過度而昏厥，全身癱軟無法站立，志工劉麗卿、張其富夫婦與劉濟雨趕忙護送她離開現場。婦人坐在塑膠凳子上幾乎不

省人事，三位志工抓牢凳子邊緣，用上半身攬著她以防跌落，六隻腳在滿是塵沙的坡道上蹣跚前行，一行人的身影極其克難，卻流露出真誠的關懷⋯⋯

感同身受的痛

「我坐六車三十號，位置在中間，一上車就先睡覺，然後起來上廁所，回座後拿出《靜思法髓妙蓮華》的小冊子看，然後感覺車子頓了一下，接著好多人尖叫⋯⋯」家住新北市的林邱秀絨，是七名因這次事故而受傷的慈濟人之一；談起事發當下，高齡八十三歲、已當曾祖母的她，語氣平和無餘悸。

林邱秀絨此行計畫到靜思精舍當香積志工，沒想到無常就在抵達花蓮前降臨！她所在的第六車廂一片狼藉；更糟的是，電力一斷，照明及空調也失去了。數十人擠在又暗又悶的車廂裡，哭號聲此起彼落，讓林邱秀絨感到呼吸困難。所幸，一位勇敢的男士，冒著被碎玻璃割傷的危險，奮力擊破兩扇車窗，緊迫的狀況稍微紓解。

救難隊抵達後，用破壞器具打通逃生路線，引導乘

客們從半開的車門逃生。由於列車卡在隧道裡，外頭沒有月臺銜接，車門到地面的高低落差極大，救難人員於是找來一個大行李箱充當臨時踏階。林邱秀絨步步為營，在救難隊的攙扶下慢慢踩到地面，跟著隊伍走向隧道出口。

「一開始以為沒事，可是送醫後才感覺到右下肋骨怎麼那麼痛？」轉送到花蓮慈濟醫院做電腦斷層檢查，發現一根肋骨裂了，接受中西醫合療，休養了一週。

大難不死的林邱秀絨，把總統、新北市政府、臺鐵、獅子會、慈濟等單位致贈的慰問金全數呈給上人捐出，並發願做更多好事。

「若這身臭皮囊許可，我會更認真做。我八十多歲了，沒辦法做粗重的工作；但做香積，洗洗刷刷切菜，我還有自信可以做！」林秀絨說。

生死一瞬的經驗說來雲淡風輕，卻讓人生起戒慎之情；而陪伴罹難者家屬的志工，也在同悲共苦之中，學到珍惜所有，善護心念。

「當我看到滿載家屬的六部遊覽車到達事故現場招魂，我的心裡非常糾結，他們齊聲哭喊家人名字的時

靜思精舍常住師父及志工集結在事故現場上方的大清水遊憩
區，準備陪伴前來招魂的罹難者家屬。（攝影／蕭耀華）

候，我整個心都被撕裂了，真的好心痛！」

　　志工鐘素真去年才遭逢雙親離世之痛，此次再度陷入悲傷氛圍。調整情緒之後，她含淚道出了痛徹心肺的領悟：「人一定要在來不及的時候，才說我有多愛你嗎？才要說我後悔了嗎？」

　　「看到他們肯吃一點，好安慰喔。」已有四十餘年慈善訪視資歷的林慧美，勸請極度悲傷食不下嚥的往生者家屬努力加餐飯，但沒想到自己在助人的過程中也「受傷」了。

　　「招魂回來後，那天晚上睡不著，我一直想『人生好苦喔！』但第二天看到上人開示，想到上人也是很辛苦，就提起勇氣再去殯儀館。」

　　雖然睡眠不足、精神不佳，林慧美還是振作起來前去陪伴家屬。儘管胃口不好，她還是勉強自己吃完精舍常住師父及志工們做的飯盒，把助人的能量補足。「真的好好吃喔，吃下去精神都來了，感恩常住師父，好感動喔！」

　　在應對死傷慘重的大災害時，不論第一線的專業救難人員，還是二線支援的民間志工，都可能因為直接

面對死亡、痛苦產生心靈創傷，即使是助人經驗豐富的慈濟人也不例外。在與上人座談的過程中，不少投入事故關懷的志工，說著說著就情緒崩潰、潸然淚下。

共伴走出創傷

因為體會到心理衛生對災害應變的重要性，花蓮慈濟醫院特別派遣身心科醫師，會同中醫師到花蓮殯儀館設點，用諮商、針灸、拔罐等多元療法，幫助罹難者家屬、慈濟志工和工作人員紓解壓力。

「災難創傷除了當下的衝擊以外，它也可能會延續滿長的時間；而且，除了直接受到衝擊的人以外，他身旁的親友，甚至工作人員、救難人員，都可能經歷到類似創傷的經驗。」

在花蓮市立殯儀館「擺攤」的花蓮慈濟醫院精神醫學部醫師李卓，提醒所有慈濟志工，務必要顧好自己身心，好好休息才能照顧更多的人。

除了心理衛生方面，太魯閣號事故也促使慈濟在災害防救的教育訓練方面更加快腳步。特別是在這意外中，有慈濟志工倖免於難，卻因沒學過心肺復甦術、

傷患包紮急救等技能，無法對受傷的人伸援，因而感到自責、遺憾。

災防組組長呂學正說：「慈濟的防災士訓練，都會教 CPR 等基本急救技能；如果志工受過防災訓練，就有方法與勇氣去做救人的事。我們也會教志工在協助受災者家屬時，知道如何去保護他們避免二度傷害。」

面對令人震驚心痛的無常，慈濟「如常」應對，在這件令全臺灣永難忘懷的重大事故中，慈濟四大志業的醫護、師生、職志工乃至靜思精舍常住師父，都投入了災難應變與愛的接力。從事發至今月，急難階段的後勤支援、緊急醫療與膚慰已告一段落，對罹難者家屬的關懷仍在進行中。

慈濟基金會執行長顏博文代表證嚴上人、以及全體慈濟志工，對受苦的人們許下承諾：「後續的身心治療和撫平傷痛還有一段漫長的路，慈濟會陪著大家走過。」

慈濟人一對一陪伴罹難者家屬回到事故現場招魂，在最艱鉅的時刻伴行一段路。（攝影 / 蕭耀華）

走進隧道之後

—— 口述：吳坤佶（花蓮慈濟醫院骨科部主治醫師）

整理：廖哲民、魏玉縣

　　四月二日上午，我正在花蓮慈濟醫院骨科門診。九點多第一通電話聽到太魯閣號出軌訊息，十點多，第二次接到電話時，他們告訴我還有大量傷患夾在裡面救不出來。我知道這是不容易處理的事故，弟兄們都在那裡；走出診間，我跟等待看診的病患說抱歉：「今天真的是失約了，我必須中斷門診，要趕到事故現場去！」

鼓舞傷者，救援到了

　　花蓮每個鄉鎮都有一個緊急救護隊，救護義消志工可以跳上救護車，陪伴警消把病患送醫，慈濟醫院許多醫護都是其中一員。我是花蓮縣義消總隊救護大隊大隊長，當天十一點抵達現場，沒有時間換下白袍，套上義消隊制服與裝備，消防局的弟兄帶著我爬過車

搜救尾聲，吳坤佶醫師幫
一位受傷的母親抱著受驚
嚇的孩子，陪伴等候轉運
送醫。（攝影／蔡哲文）

頂再下來到地面、爬過六車、到七車最多傷患的地方，我們先把受傷的生還者標定，然後就分組，一組一組把傷者設法從變形的車廂裡移到鐵軌旁邊，等待轉送。

現場的罹難者是撞擊瞬間死亡。我對兄弟們說，請你相信，他們都是善良的，你們勇敢地把他帶回來，他會感謝你……

一位女士被拋出車體、大體躺在地上，我用義消的衣服幫她蓋上。接下來就是一連串生還者的救護。

有一位爸爸帶兩位小朋友，大女兒頭部撕裂傷，他手裡抱著的小朋友比較嚴重。我摸孩子的頸動脈，還有微弱跳動，我們把她挪到最前面，作為第一順位轉送，第二順位就是大女兒和他。

最後一步，如此傷痛

接下來是一位腰部受傷的小姐。接著，在第七、八節車門夾縫間發現一位傷者陳先生，我爬進去把他拉出。等待轉送時，陳先生一直說很冷，因為他雙腳斷掉、失血，當時我身上已經沒有可以保暖的東西，只能給他我的白袍，鼓勵他：「加油，救援馬上就到了！」

在隧道中，傷者陸續轉運。讓我印象深刻的是，一個受驚嚇的小朋友，慌亂地抱著媽媽，看到醫師更怕。我請媽媽讓我抱他，並對孩子說：「媽媽受傷，我們今天不打針，你不用擔心！」一歲多的小弟弟剛開始有點掙扎，後來就乖乖地倚在我身上，很勇敢。我跟媽媽說，等你處理好，小貝比會跟你到醫院，不要擔心！看到孩子很平安，大家也就穩定了。

隧道裡面是昏暗的，很多特搜隊、消防局隊員帶著氧氣筒，有些救護員沒有氧氣筒，血腥味道濃聚在密不通風的空間。我衝到外面大力吸一口新鮮空氣、喝一口水後，再進去繼續把事情做完。

來自各地方的打火英雄、救難人員，他們盡了最大力量，不斷地在變形的車廂空間進進出出。他們像是天使，幾乎是沒有個人的感覺，只有以現場所有傷者及罹難者的感覺為感覺，幫忙把所有大體送到新城車站，脫離那個令人難忘的空間，那是最傷痛的一步。

離開噩夢，關注他人

最初運出的重傷者與三具大體，由列車運到第一時

間成立的轉運中心崇德車站；但因月臺的階梯落差太大、轉運不便，指揮中心再把轉運中心移到新城車站。

第二批轉運大部分已是罹難者大體。當我們接駁到新城車站，協助檢察官驗屍的過程中，我看到慈濟志工早已用最快的動作，以一個個藍色屏風圍出通道與臨時停靈區，讓罹難者與家人重逢之前，可以有足夠的隱私空間；而且從白天一直到夜晚，一直到最後一位。慈濟人為罹難者最後尊嚴所做的，讓我最為動容！

現在，我試著去把在隧道中看到的每個片段忘掉，所要擔心的是今天要開刀的病人；我希望能夠趕快回到正常的生活，還有其他好的事情、好的人。我想，其他人也是這樣，帶著傷痛繼續過著平凡的日子，會比較好受。就像陳先生，我覺得他會是最早離開噩夢的人；他在慈院手術後身體狀況平穩，已經開始會關注其他人，像是關心他的太太是不是太累了，也想要幫助其他人。

我身為一個醫師，所做的事情其實微不足道；因為，在這個島上的所有醫師都可以做得到，而且會做得比我更好。

清水隧道中，消防特搜、救護隊展開搜救，身為救護大隊大隊長的吳坤佶（右五，著白袍者）投入搶救。（攝影／蔡哲文）

急診室的流動服務臺

───── 口述：呂鳳瑛（花蓮慈濟志工）整理：廖哲民

平常，我都跟別人說，現在天天有聞法，內心平靜，遇到任何事情都能輕安自在；沒想到，經歷了四月二日太魯閣列車出軌事故關懷後，我才知道自己說了大話。那一天，在花蓮慈濟醫院院急診室現場，有好幾次精舍常住師父問我：「還好吧？」

醫院是搶救生命的第一現場。啟動大量傷患機制後，志工們不敢進入，心情焦急地在急診室外等候，同時協助管制交通、引導出入口車流，不要影響救護車的進出。等到急診室的患者都處理好了，我們才問：「現在可以進去膚慰了嗎？」

現場的狀況讓人感受悲戚和不捨，一位女孩在翻覆的車廂裡破窗，但是力量不夠，沒有辦法從窗戶爬出來；外面的人將皮箱堆疊，讓她爬到車外。她的手背跟手指頭都包紮起來，其他陸續逃出的人，手同樣也被割傷。然而，能活著出來已經是很幸運的事。

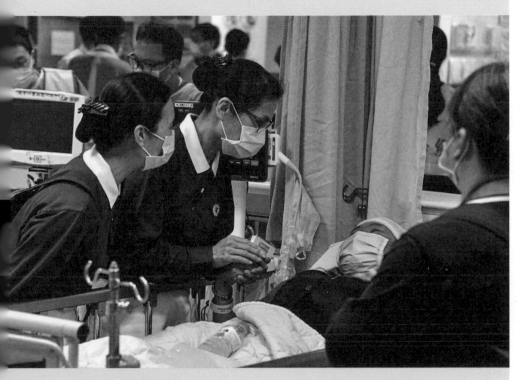

慈濟志工獲得許可，進入花蓮慈濟醫院急診室，協助傷患所需、安撫驚慌。（攝影／鄭啟聰）

醫療志工有兩個默契：第一，尊重醫護人員，不打擾醫療行為；第二，就是用溫暖、同理的心來關懷傷者和家屬。

有一位坐在輪椅上的女孩，姊姊往生了，我問她：「有沒有吃飯？」她說：「還沒吃。」旁邊的師姊就端來一碗精舍常住師父做的乾麵。我看到她拿著碗筷的手在顫抖、嘴唇也在抖動，直說：「好香、好香……我也吃素很久了。」但是，她吃不下，因為她很悲痛與驚恐。

我們拍拍她的肩膀，給她一個擁抱、送上一杯溫水，這個時候說什麼都是多餘的；如果她想說，我們就做一個很好的傾聽者。

當志工要眼明、腳快而且耳朵很利，看到坐在輪椅上的先生光著腳丫子，目測身高大概一百八十幾公分，我們就去買了最大號的藍白拖鞋給他，他訝異地說：「你們竟然發現我沒有鞋子可以穿！」

一位阿嬤的女兒和孫女都往生了，看著她在急診室坐著沒有大哭，其實才是真正的心痛，她不斷地翻找東西，是因為藏著恐懼與不安；我們覺得應該要給她

一個獨立的空間，於是陪伴她去慈院三樓的閱讀空間靜一靜。

　　她想聯絡被送到其他醫院的先生和兒子時，卻發現手機沒有電，我們趕緊去找適合的充電器。很感恩訪視的志工和醫院各行政窗口架起平臺，聯繫到她的親人。當她的兒子來到慈院，穿上志工購買的乾淨衣服，很體面地與媽媽重逢，看到他們安心的表情，我們也就放心了。

　　什麼是同理心？就是試想如果遇到這樣的事情，會有什麼樣的心情；如何去了解他們的苦？有時就默默觀察，安慰他們：「難過的話，其實可以哭出來沒關係。」有人想哭，我們就遞上面紙關心；有時詢問要不要喝水、會不會餓？

　　志工要做的不多，就是一種貼心的陪伴、溫暖的扶持。

當愛湧向花蓮

陳美羿（慈濟志工）

四月二日，晚上十點整，我們來到太魯閣號事故現場。

兒子子豪和我，從中午自臺北出發，接了《慈濟》月刊攝影記者蕭耀華，三個人直奔花蓮。或許是連假的開始，也或許是因為太魯閣號出了事，蘇花公路一路塞車。

我負責和慈濟各單位聯絡、隨時掌握最新消息，並且記錄路況。警車、救護車、消防車乃至軍車、殯葬車，隨時呼嘯而過，氣氛緊張又詭譎。車子走走停停，晚上十點，到了一處岔路，燈火通明，許多警察在指揮交通，維持秩序。

走向事故現場的路黑漆漆的，蕭耀華用手機的燈光照著階梯，子豪攙著我，一步步往下走。再過去是一段塵土路，轉個彎，是個大斜坡。突然！我鼻頭一酸，想到一路上看到罹難人數飆升，情緒再也控制不了，

失聲大哭起來。

「媽！小心！」子豪拍拍我。他用這種方式安慰我。

跳過一個土堆和乾涸的水溝，三個人戰戰兢兢，終於來到一個大廣場。有幾部電信公司基地臺的車，高高聳立。蕭耀華順著梯子爬上去，拍了幾張照片，說：「那邊就是事故現場。」

繞過去，燈火通明，大批警察、消防、救難人員、記者……大家都在守候；工程人員則是在鐵軌上忙個不停。

隧道方向，出事的車廂頂上亮著燈，下面兩旁還有兩盞紅色的燈，遠遠的，好像一對血紅的眼睛，無言的、默默的，控訴著這一場悲劇似的。

心裡面鑿空了，茫茫然望著天空，以為時間停滯，卻匆匆已過了一個多小時。

曉風殘月，無語問天

夜深了，慈濟服務站還有志工留守，隨時提供服務。「還是有人會來拿便當和水，我們不能走。」聽了令人感動。

「我們現在去殯儀館，慈濟人排班，徹夜陪伴罹難者家屬。」我說：「二十個人一班，每班兩小時。」說完我眼眶都紅了。

進去家屬休息區，我們把手機和筆記本收起來，不拍照，用「心」記錄。兩位記者分頭工作，我細心的觀察，休息區的家屬身邊都有慈濟志工陪伴，但大家默默無語，也是哀極無言吧。

「又有新的照片出來了，家屬可以來指認……」這個場景，讓我回想到多年前澎湖空難的現場，家屬認到特徵後，慈濟人就陪伴去認屍。一個兒子認到母親，失控地往地上猛撞頭，我趕緊抱住她，怕她會把頭撞破；一個媽媽認到女兒，當場昏倒……

我不想再看到類似的情景，走了出來和值班的志工聊聊，知道他們是夜裡十一點到凌晨一點的班。好辛苦！不，是好幸福。

凌晨一點多，抬頭望去，黑黑的「冷凍室」三個字，令人怵目驚心。天空灰灰的，就在屋頂上，掛著一彎下弦月。風吹過來，冷冷的。

此情此景，想到多少人魂斷剎那？多少家庭一夕破

碎？無常，時時隨侍身旁，而我們卻渾然不覺。直
到……

唉！曉風殘月！無語問蒼天！

淒風苦雨，天地同悲

四月三日凌晨兩點就寢，四點半就被子豪叫醒，這
期間我輾轉反側，幾乎不曾闔眼。驅車上路，天還沒
亮，我們趕早，是為了拍慈濟志工送早餐。

「來來！請用早餐，慈濟的，素的。」我招呼一群
「特搜隊」的年輕人來吃早餐，他們客氣地笑著說：「喔
好！謝謝！」

「為什麼你們的衣服都弄得髒兮兮？」我不解地問。

「因為我們鑽到車廂裡去。」

「啊？隧道裡的車廂嗎？」

「是啊！」

「你們——」我驚問：「去搬大體？」

「都有——」他們苦笑著，推派一個張姓同僚來跟
我談。

「特搜隊」隸屬花蓮縣消防局，成員都很年輕。「這

一次真是太慘了，罹難人數多，又卡在隧道內，搜救十分困難。」

「我們帶了破壞器材，把被夾住而無法脫困的人救出來。大體就用屍袋裝起來，再抬出來。現在罹難者已經都找到了，不過好像第六車還有半截大體沒找到，要再進去搜。」

我一邊聽，一邊覺得不可思議。問他們：「害怕嗎？」

「很震撼！」沒有正面回答：「比花蓮〇二〇六大地震更震撼。」

下午三點多，大巴士陸續到來，罹難者家屬捧著牌位，執著招魂幡，下車時，打開一把黑傘，哀戚地往前走。慈濟志工也依序地一組一組陪伴家屬。

志工莊月娥抱著牌位和招魂幡、郭繼祖拿著黑傘，等待家屬先去洗手間。莊月娥說：「風很大，漫天塵土飛揚。我抱著牌位，招魂幡和傘都拿不穩。」

到了廣場平臺，只聽見一片哭喊聲，那痛徹心扉、淒厲的聲音，令所有的志工和記者都忍不住也哭了。

有人拿著照片、有人拿著衣服，聲嘶力竭地呼喚著。

「回來啊！阿公和爸爸都來了，跟我們回家吧……」

罹難者家屬捧著牌位，執著招魂幡，張著黑傘，哀戚地往前走；
慈濟志工依序地一組一組陪伴家屬。（攝影／蕭耀華）

「妹妹啊！媽媽來帶你回家了，你不要走丟了。弟弟也想你，你一定要回來。」

司機員袁淳修的妻子和姊姊，拿著他的格子衣服揮舞，慟喊：「不要再躲在隧道裡了，趕快出來呀！」她們用兩個錢幣擲筊，擲了幾次，終於出現「允杯」，也就是一正一反的「同意杯」。

袁家姊姊很安心地說：「好了！他願意跟我們回家了。」

我想，招魂和擲筊，也稍稍有些療癒的效果。

有機動的志工拿著衛生紙發送，給人擦眼淚用，還備了一個塑膠袋，回收用過的衛生紙，真是貼心、用心。

招魂的尾聲，天氣突然變了，天空暗了下來，冷風一陣一陣吹來，許多人穿起外套，戴上帽子，裹著圍巾。不一會兒，飄起雨來，五顏六色的傘也一朵朵張開。

淒風苦雨，天地同悲！

殯儀館，一群記者在休息、等待、閒聊。我問他們：「在這裡好幾天了，哪一幕讓你最感動？最難忘？」

「慈濟！」一位記者說：「每當有災難或事故發生，慈濟幾乎是第一時間就到達，提供各種資源和協助，讓大家都沒有後顧之憂。」

觀身不淨，觀受是苦

　76 行者，一群大體修復師，從臺灣各地湧來，不眠不休地為遺體「復原」，希望他們可以很體面、有尊嚴的「回去」。過程中，修復師被針扎傷，被銳利的斷骨刺傷，花蓮慈濟醫院動員醫護人員，為他們處理傷口，打破傷風疫苗。有人說：「我很怕打針，所以我在縫大體的時候，都小心翼翼的，怕會『弄痛』了他。」

　一個在八車的女乘客，被困在車廂內，身上有其他乘客，其間還有椅子和行李箱等雜物也堆疊著。她說：「我渾身是血，不知道是我的血，還是別人的血？我很疲倦，一直想睡，但我告訴自己，不能睡。睡下去就醒不過來了。」

　「我想很多事，想父母、先生、兒子，最後想到公司的同事。啊！如果我活著出去，我要對每個人好，

我不要再抱怨我的主管和老闆了。」

　　我想起上人說，驚世的災難，要有警世的覺悟。「佛陀告訴我們，世間是苦、空、無常的，所以我們要把握有限的時間，發揮生命的價值。」

　　上人又說：「『愛』在十二因緣裡，它是煩惱的根源。」所以失去摯愛，就會痛不欲生，這是小愛的痛苦。

　　「要好好體會『四念處』：觀身不淨、觀受是苦、觀心無常、觀法無我。」

　　因為災難，我們看到愛與善湧向花蓮。希望這個愛，不是浮光掠影，不是煙火泡沫。瞬間出現，又瞬間消逝。

　　從災難中記取教訓、深切反省、體會佛陀的悲心，讓災難不只是災難，讓災難昇華，變得有價值。

　　一場災難，讓它是一個大哉教育。

為了搶救受困者並盡快恢復通行，臺鐵人員漏夜搶修受損的路段。嚴重破損的水泥枕木，顯示事故當時列車已脫離軌道、完全失控。（攝影／蕭耀華）

十方馳援的暖心補給

在這個令人傷感的時刻，
讓我們見證到臺灣人的團結！

「熊貓」今天不送單，送暖至鐵道！

太魯閣號出軌死傷慘重，全臺各縣市消防單位挺進第一線馳援。

東部公路原本滿是出遊返鄉車潮；艱困救災的此刻，用路人不分你我，超有默契主動空出路廊給消防、救護車行走，宛如摩西分海。國道警方在臉書上感謝民眾：

「大家的摩西分紅海，是災難中令人感動的片段。還有協助呼籲讓道的網友們、主動協助救災的民眾，在這個令人傷感的時刻，也讓我們見證到臺灣人的團結。」

「熊貓」為搜救人員打氣

在一片悲傷之中，還是有令人暖心的一幕。花蓮foodpanda 外送員在出軌意外發生後，自告奮勇組成「熊貓大軍」，將物資送往事故現場。超暖舉動讓民眾直呼：「有你們真好！」

據《中時》報導，一位網友在臉書社團「花蓮人」中貼

出一段影片：一群花蓮 foodpanda 外送員組成「熊貓大軍」，在臺鐵事故這天不送單，自告奮勇地將集結物資送往事故現場。

貼文引起網友共鳴，網友紛紛表示感謝：「謝謝這大群無名的英雄……花蓮有你們真好」、「謝謝您們的付出與愛心，辛苦了」、「花蓮人以你們為傲，辛苦你們」、「感恩熊貓們的愛心，有您們真好辛苦了，路上騎車請小心要注意安全喔！」

《民視新聞》則報導，參與搬運物資的熊貓外送員詹維銓表示，聽到發生噩耗，花蓮人便開始自發組織。由花蓮熊貓外送員所組成的「爆肝熊貓團」社團，共有八十二人，由團長李泓廣號召大家，聯合花蓮熊貓店家群，送物資至事發現場，為搜救隊們加油打氣。

詹維銓說，因事發突然，大家都放下手邊工作前來協助，店家也大力配合與捐贈物資。詹維銓回憶，抵達現場時，搜救員們都說死傷慘重，車廂內還有許多屍塊散落，運出的大體則被運往新城車站。到了車站，則看到慈濟的助念團，以及非常多的大體。儘管他曾看過很多見血車禍，「但這次真的量太大了！家屬在認屍時，在旁邊看了心情五味

雜陳，希望能幫忙多少是多少。」

「爆肝熊貓團」在短時間內集結店家，一共發動了兩部大貨車、一部休旅車、一輛轎車及二十多部機車前往運送物資，物資由「花蓮熊貓店家群」超過二十多間店家熱心提供。隨後，「爆肝熊貓團」也因應交通疏散動線，把物資送往新城車站，及提供現場協助。

詹維銓表示，在地居民自發所提供物資包括二百六十箱水、麵包乾糧十五箱、衛生紙濕紙巾四箱等其他食物及用品，希望可以協助這次嚴重的傷亡意外。

今天不做，明天就會後悔！

各界物資也不斷挹注花蓮。其中有一支車隊，是由BMW、賓士、保時捷和皮卡等百萬名車組成，格外醒目。

號召這支車隊的桃園市龜山分局迴龍警友站顧問蕭勝方表示，有些事情，今天不做，明天就會後悔！

各界物資不斷挹注花蓮，慈濟基金會志工帶著福慧粥、乾糧、水等物資送往現場（上），並成立服務臺協助有需求的民眾與工作人員（下）。（攝影／蕭耀華）

依《聯合報》報導，蕭勝方平時熱心公益，每月固定捐贈物資給育幼院或社福機構，幫助孤兒及弱勢兒童。二日晚間，他看到手機不斷跳出關於太魯閣號事故的不幸消息，又看到救難人員摸黑爬出隧道後的疲累模樣，覺得自己應該也要在這件事情上盡一點力。於是，他號召平時會固定聚會的車友們一起送物資，馬上獲不少人響應，短短半小時就募得兩萬元，十二輛百萬名車在迴龍集結出發，迴龍警友站副站長黃偉群也熱情贊助。

蕭勝方說，車隊總共去過兩次花蓮，分別在二日深夜及四日凌晨，準備的物資包括麵包、餅乾、礦泉水和運動飲料等，都是方便補充體力的東西。雖然是去幫助別人，但自己在過程中也受人幫助不少；例如，國道警察幫忙引導車隊開上石碇交流道，超商和賣場店員也自掏腰包贊助車隊買物資，旅途上處處都是臺灣人的人情味。

在臺日人報恩行

有一批住在臺灣的日本人自發性動員，於太魯閣號事發隔日便已送一批物資到場，並繼續準備熟食讓救難人員飽腹。

在臺日人中島健一於臉書社團「日臺交流 場（臺 と日本）」發文表示，感謝當年日本三一一大地震時，臺灣人的善心捐款及援助；所以，現在和一群住在臺灣的日本人捐款、有力出力，「十位日本人等候差遣，有需要請告知。」

據《聯合報》報導，臺鐵太魯閣號翻覆引發重大傷亡，警方投入百名警力協助，也在殯儀館現場設置「行動補給站」，提供第一線檢警熱食。

在臺日人中島健一為表關懷之情，四日深夜集結在臺日人的心意，將一百份蛋包飯、兩百份麵包分送至花蓮現場為警方加油打氣，並於臉書表示：「有需要請告知我們，募集物資就送過去，現場隨時都可以當志工，不打擾為主，有需要幫忙請不要客氣。謝謝臺灣陪我們度過難關，現在是我們報恩的時候了。」

天道好還；臺灣人的美善所獲得的回應，令人動容。

靜思精舍的暖心便當

—————————————— 顏莉（靜思人文編輯）

「一聽到太魯閣號出軌，心裡想，可能要準備便當了，這也是我們能默默為他們做的。」靜思精舍德需師父沉靜地說著。

平日裡，精舍大寮有七位常住師父輪值。四月二日上午突如其來的火車事故，便當量需求激增，多位志工自動自發戴好口罩、綁緊頭巾，一起進大寮幫忙，洗菜、切菜分工有序；同時，精舍廣播室也開始徵召包便當的人手，一時湧進二、三十位，大家的心都十分凝重，卻也安靜地強打起精神，加快手上的動作，要為事故現場的受難者或救難者加油打氣。

五十個、一百個、一百五十個……便當需求量逐漸增加，對於一般商家而言，臨時接單都有點應變不及，

事故上午發生，中午一點前靜思精舍送出五百五十個便當支援前線。（圖片／慈濟基金會）

何況是這麼龐大的數量？但師父們鎮定如常，不僅很快擬定菜單、建立分菜動線，及時在當天上午十一點到下午一點，不到兩個小時內，做好並送出五百五十個便當，且未影響當日精舍齋堂桌菜的日常安排。這究竟是如何辦到的呢？

盡全力不讓人餓到

就在一念心，一念合和互協、一念愛人如己。

「那天我們是負責供應便當，」當日主責便當區的德修師父說：「一時之間，便當的菜不夠，『典座』和『飯頭』師父就一起合作，隨時提供不斷增加的便當量。」

「當天承擔煮飯的師父，原本不是在大寮執勤，只是剛好走到大寮關心，沒想到就馬上遇到需要洗米、煮飯的勤務；也由於這位師父很有經驗，遇到這樣的事情，就一直幫忙洗米煮飯。白米煮好要二十分鐘，再燜二十分鐘才行；如果趕著裝入便當盒，燜十分鐘也可以，但口感就沒平常那麼鬆軟。」

換句話說，煮一鍋飯大概要半小時，在等待飯熟可

食用的半小時「空窗期」，師父沒得閒，煮好麵條代替白飯，也因此有一些便當裡是裝著麵條。分秒不空過的師父們，就是盡全力及時送出便當，因為不忍心讓任何人餓到。

德霈師父說：「我們有五個大飯鍋同時在煮飯，一個飯鍋大概可以裝七十個便當，一煮好的飯，就是馬上待出餐的；後續再進來的便當需求，則再另外重新估算米量，所以白飯很少斷過，洗米也不斷在進行。」

在靜思精舍，師父們每日晨間三點五十分起床，近十一點五十分打板後即準備用餐，下午一點半又繼續日常事務。但四月二日這一天，師父們送出了所有需要的便當，遲至下午一點多才開始用餐；而且用完餐，有些師父又繼續留下來備料；也有志工馬上又去挑菜區，坐在板凳和菜籃旁開始挑菜。

下午五點多包完便當後，飯頭師父準備的紅蘿蔔材料全用光了，於是協助包便當的師父及志工們沒有離開，分兩條動線切紅蘿蔔，切到近晚上六點才去用藥石。

事發第二天，四月三日中午十一點多，師父們送出

便當；中午並沒有午休，而是繼續守在大寮。沒想到，下午一點多，真的又接到需要一百多份便當的電話……

人人替人人著想

　　山風吹來，不論是在精舍、在事故現場、在任何一個角落，輕拂過人們耳際的是同樣溫柔的風；然而，我們是如此真實，且能真心地擁抱彼此——在災難的面前，在我們還能呼吸的時候，即使彼此並不認識。就像準備便當的人和吃到便當的人，連繫著彼此的，是一分不需言語但綿綿無盡的愛，是因為有緣，以及共同的存在，在此時此刻……

　　「時間不夠用，所以主責師父更早起，不論挑菜區、洗菜區，每一區都很主動，常被問到『人手夠不夠』、『菜夠不夠』；只要一聽到『不夠』，大家馬上來到你旁邊，立即補位，開始動作，休息時間也不例外……根本沒有休息時間。」德霈師父說。

　　精舍師父們，人人替人人著想，替身旁的人，也替事故現場每一個人。看似匆促備餐、出餐，即使如此，

靜思精舍常住二眾用心準備熱騰騰的日式沖繩飯糰、便當及水果，讓在殯儀館的家屬與工作人員補充體力。（攝影／鄭啟聰）

用心而貼心的師父們準備的便當菜色也不會是吃飽就好。菜色多樣而繽紛，像是焗煎豆包，炒香菇、紅蘿蔔、青花椰菜、高麗菜、豆類，香煎麵腸，菜捲，下飯的酸菜、瓜仔素燥、雪蓮子、毛豆，還有十分費工但蛋白質很高的「天貝」；想到有些人平日不是素食者，師父還另外準備了蜜汁素火腿。

師父們的心，既慈和又柔軟，只希望能讓在現場的人，內心好過一些，哪怕是一點點也好；當什麼辦法都沒有辦法安慰你的時候，只希望你能吃得下一點點東西。這是不是很像母親疼愛子女的心情？無條件，無所求，只有滿滿的關懷。

便當一個一個裝，會不會某樣菜就沒了？「不會，我們有自己的菜園，長期以來自力耕生，也有好幾個大冰箱，還有好多師父和志工菩薩一起挑菜、洗菜、炒菜。在這種特殊情況下，也會在準備剛剛好的便當量之外，再多炒幾個餐盤的菜量備著，維持一定的熱度；真有需要再趕緊加熱一下，又可馬上出餐。連續幾天，就這樣隨時待命，盡我們所能。」

師父們除了要注意便當送到每一位用餐者手中時，

打開便當依然是好看的樣子，依然熱熱的，卻不會糊糊的，不想讓心情不好的大家更沒有胃口，所以連烹調的方式及水分溼度都掌握得宜。

雖然在災變或事故現場，一碗熱湯最能溫暖人心，但這次事故現場不宜載送湯湯水水。因此，師父們巧手慧心，製作了一道糖醋料理「泰式酸辣Ｇ」，主要由白蘿蔔塊、杏鮑菇與猴頭菇組成，微甜微酸的口感，讓大家吃起來不會覺得口太乾。

精舍師父一路待命，幾天下來提供了將近兩千五百個便當。是不是很動人呢？

人生無常，但天地有大美、人間有真情，是永遠不變的常態。從這次火車事故的發生，各方捐輸、相互幫助、同苦同悲，便能看出大家的心，還是在一起的。

想想精舍師父的愛，想想救難人員無私的付出，願你我在每個時刻，彼此還能同呼吸時，能記得天地間所有一切為自己而來的善、美、愛，鼓勵著自己同時也鼓舞他人，一起向前、一同成長，並且體驗這無限美好、何其寶貴的生命。

請讓我幫助你
有尊嚴地離去

許多遺體破碎、狀況不好;「最困難
的是心痛,不是我們的技術……」

行者密密縫……

不論是乘客或是搜救大隊，都難以揮去腦海中的殘缺遺體影像；對於家屬親友而言，自當是更為虐心的痛……

沉重的心理壓力

為了讓亡者能完整地告別人間，彰化「76行者」團隊上百名遺體修復師前往花蓮協助；首批五十八人抵達後，便開始徹夜進行修復。

團隊召集人陳修將解釋，「76行者」的名稱來自澎湖空難、高雄氣爆兩件災難事故罹難者人數總和，成員約有三百人，年紀約在二十五至四十歲之間，都是殯葬相關行業者，對遺體修復有豐富經驗。從澎湖空難開始，「七六行者」團隊對各重大天災人禍的亡者大體修復全數免費，包括修補耗材如石膏、蠟、義肢等費用，全由團隊核心幹部分攤。

據《聯合報》報導，有修復師說，很難想像殯儀館同時

有十多組家屬等待、認屍痛哭，看了讓人很難過。由於不少遺體破碎，連曾參與過多次重大事件的修復師都覺得心理壓力沉重。

陳修將曾在普悠瑪事故投入遺體修復工作；他說，這次傷亡情況比較嚴重，殘肢較多，遺體破碎程度較高，修復難度也提升；修復師除體力消耗嚴重，不少罹難者家人在認屍過程中，哭到昏厥、腿軟，讓他們的心理壓力也非常沉重。

此次事故造成五十人死亡，年紀最小的死者是四歲女童。陳修將說，女童母親到殯儀館裡，哭到近乎昏厥。因女童遺體受損程度較高，需要較多時間整理修復，修復師手邊紀錄的照片盡是女童遺體破碎的畫面，陳修將看著都不禁哽咽。為避免二次傷害，當下拒絕女童母親想看照片的請求，只告訴她：「拜託給我們一些時間，幫妹妹整理得好好的，再還給您。」

陳修將表示，大體的損傷包括開放性骨折、內部骨骼碎裂、頭臉或軀幹嚴重變形；顱骨若破裂變形須重新沾合，骨頭缺損會用人工骨縫合，但半數遺體有嚴重斷肢，即便臉部可辨識，須等到斷肢比對，確認斷肢主人才能接起來。

有些遺體因受損程度高，須經 DNA 比對後才能進行修復；刑事局鑑識中心與法醫研究所都加班比對檢體，希望盡速比對完成。

修復團發言人王薇君說，小孩的遺體往往是大家過不了的檻，有些修復師執行到一半會忍不住跑出去哭。

王薇君說，這次事故比兩年前普悠瑪出軌嚴重百倍，一組人要二、三十小時才能修復一具遺體；修復師陳修將也說，許多遺體頭臉受傷嚴重，但看到家屬的企盼眼神，夥伴們就算熬紅眼、拚了命也要讓罹難者有尊嚴的走完人生最後一程。

「最困難的是心痛，不是我們的技術……」王薇君說，百名修復師進駐，開出六個工作檯，但許多遺體破碎、狀況不好，甚至頭部幾乎沒了，必須重建。陳修將也說，有幾具受損嚴重部位在頭、臉，正努力重建，還有一些屍塊、殘骸待確認。

她說，同仁會受到家屬情感的影響，心裡有滿大衝擊，要克服心理比較沉重的一面，技術層面倒是沒影響。此外，很多遺體殘缺，要等確認身分、開立死亡證明書、取得遺體修復同意委託書才能開始做。

為了讓亡者能完整地離開人間，大體修復團體「76 行者」前往
花蓮協助，徹夜展開修復。（圖片 /76 行者）

陸續有家屬前來殯儀館認領親人回家；陳修將表示，有家屬比較激動、情感豐富，看到修復團隊一度要下跪道歉，但他們覺得只是做好自己應該做的事，趕緊阻止家屬下跪。他說，很感謝大家的信任，也很榮幸施作的結果符合家屬期待。

讓亡者以最完美的狀態回家

　　依《鏡週刊》報導，陳修將談到，讓他印象最深刻的亡者，莫過於現年才四歲的陳小妹妹。他哽咽地說，自己也有個四歲女兒，深知做父母的看到孩子變成那樣，內心會有多痛、多煎熬；尤其當指認照片拿出來時，「這樣的照片會是二次、甚至三次傷害，父母無法接受外，拿回去給祖父母看到，要怎麼受得了？」

　　陳修將表示，這次的亡者當中，陳小妹的受損應該是最為嚴重；她的傷口遍布全身，還有多處缺損，修復難度最高。他會盡可能將陳小妹修復完整、進行填充，重新縫合定位後再梳洗穿衣，希望以最完美的狀態交還她的父母。

　　在歷次重大天災意外中，「76 行者」成員幾乎是以三班制輪流替亡者修復大體，三餐隨便吃吃充飢即可，累了就

在地上躺著休息，目的無非是希望讓殘破的亡者大體早日修補完成，減少家屬內心的傷痛。

像這種重大意外，因為來得很突然，家屬第一時間會覺得憤怒與不捨，許多人會難過低落，也有人會放空，無法接受家人已經離開的事實。

在遺體修復過程中，他們必須耐著性子與家屬對話、協調，站在家屬及亡者角度去協助他們，讓他們能得到應有的尊嚴。

修補家屬破碎的心

——————————————— 陳美羿（慈濟志工）

　　四月八日，下著雨。我來到殯儀館的記者休息區，問起大體修復的最新進度；有人告訴我：「臺東的一位小姐，下顎以上的臉都損壞了，原本要為她重做一顆頭的，沒想到奇蹟發生了。」

　　「當天，76 行者有一位修復師生日，大家為他買了一個蛋糕。他許的生日願望，就是每位罹難者都能修復得完完整整、漂漂亮亮。」不到半小時，在一個屍袋中發現了半張臉；經過比對，很像那位小姐的。經過二十多小時冗長的 DNA 鑑定後，果然是她的。

　　「或許老天聽到我們的心聲。」76 行者團隊發言人王薇君說：「不但找到這半張臉，還找到另一位先生的一隻腳。」

　　當修復好、化好妝的時候，小姐的親人來領回；隔著兩、三公尺，小姐的媽媽就喊著：「對！她就是我們家的孩子。」再仔細端詳，媽媽說：「好漂亮！」

王薇君對卓媽媽說：「對不起，讓你們等這麼久。」「等再久也是最後一次了！」一句話又催出了眼淚。

多年來，76 行者修復或重建的有三百多具大體。修復前，家屬看見的是殘破不堪的模樣，每每無法接受，甚至當場昏厥；修復之後，看見乾淨、完整的親人，家屬的心得到莫大的安慰。

「有的人會說，你們花二、三十個小時重建、修復，家屬領回去，還不是一把火燒掉，有必要嗎？」王薇君說：「家屬的心靈得到慰藉，比什麼都重要。讓亡者的最後一程，有尊嚴地走，也是我們的心願。」

76 行者的成員們都是零酬勞的義工。他們常推掉原來有收入的工作，「拋家棄子」，趕赴現場，有人一做就是四、五十個小時。召集人陳修將說：「媒體常說我們是『不眠不休』，很簡單的四個字；但是，卻不知道有人累到昏倒、打點滴。」

他們的工作空間通常不大。為了搶時間，往往三、四具大體同時進行，一組大約六個人。工作檯不夠，就用紅色塑膠椅拼一拼，放上托盤，也是可以修復。

慈濟醫療團隊由李毅醫師帶領，來為 76 行者的團

員抽血，如果有受傷的，還要打破傷風疫苗。

　　修復師在施作過程中，難免被針刺傷，或被銳利的斷骨扎傷，甚至被大體身上的玻璃割傷；為了趕時間，他們常只是把血擠一擠、隨意包紮一下，戴上手套就繼續工作。花蓮慈濟醫療團隊專程來為他們抽血、檢驗、建檔，持續追蹤；如果有受傷的，便打破傷風疫苗，有些人還要服用抗生素。

　　「這是慈濟送來的福慧床，修復師們工作了二十、三十個小時，可以躺下來休息一下。」王薇君打開手機給我看照片。有人裹著毛毯蜷縮成一團，小小的福慧床居然可以睡兩個人，看了好不心疼。

　　還有一張照片是，一個修復師坐在箱子上，靠著牆，歪著身子，居然也能睡著。為了讓家屬早日將親人帶回家，修復師們日夜趕工，捨不得回到免費的飯店睡覺；有人就睡車上，有人就近可以躺就躺。

　　四月十一日上午，六位 76 行者的代表來到靜思精舍，跟證嚴上人座談了一個多小時。陳修將提到，76 行者沒有門檻，只要有心就可以加入；目前的成員裡包括殯葬業者，還有警義消、老師、護理師、美容師、

以及罹難者家屬。

話鋒一轉，陳修將自承從小就是個「歹子」（壞孩子），曾進出監獄。「我在監獄看到慈濟的小故事和靜思語：杯子的缺角不要看，它就是圓的。」

「人身難得今已得，佛法難聞今已聞。」陳修將說：「此身不向今生度，更待何生度此身。」他向上人感恩，此行更讓他種下福慧的種子。

證嚴上人心疼他們，也感恩地表示，他們現在所做的，是一般人做不到的事；他們的付出，給家屬最大的安慰，真正是功德無量。

這天，距事故發生已十天，修復工作進入尾聲。四點，臺北的警車和一輛靈車，準備把罹難者吳小姐接回家，吳家親友都來了；姨媽拿了一條項鍊讓她戴上。

原本破碎的大體經過重建、修復，還給吳家漂漂亮亮的女兒。吳媽媽對陳修將和王薇君說：「我想向你們下跪……」彼此擁抱，76行者全員列隊送別吳小姐；靈車緩緩啟動，大家彎腰鞠躬，如同送別親人一般。

很多人讚歎他們很了不起；但是，陳修將說：「我們只是一群平凡的人，一起在做一件平凡的事而已。」

願亡者安息，為生者拭淚

傷亡者與家屬情緒一時之間難以平復，
後續的心理建設更是條漫長的路。

祈禱與陪伴

熟悉的面容不在，親人的心裡也缺了一塊……如何能彌縫
這分失落的生命……

為亡者祝禱

除了慈濟龐大的義工團隊分別在醫院、殯儀館等各地膚
慰協助家屬外，佛教界各團體也紛紛啟動關懷。

據《中廣新聞》報導，福智僧團指示禪僧法師、性嘉法
師至花蓮關懷，四日清晨到號事故現場灑淨誦經，接著和
義工前往花蓮殯儀館景行廳進行誦經超薦法會。

面對如此重大的災難，福智僧團三日到四日接連兩天舉
辦祈禱法會。福智僧團性嘉法師表示：「結合僧俗力量為
這次不幸事件祈禱，希望往生者順利往生善趣，希望給家
屬安慰、撫平家屬悲慟，對於辛苦的各界救難人士，給予
他們支持鼓勵。也祈求災難都能夠止息，大家都能更積極
行善。」

法鼓山方丈和尚果暉法師三日清晨就搭機前往花蓮，下午一點前往罹難者靈堂，由方丈和尚主法超薦佛事，帶領臺東、花蓮、宜蘭等地的法師和義工，以及邀請事故罹難者的親友，共同祈禱諸佛菩薩慈悲接引，讓罹難者能夠放下一切驚恐與牽掛，平安無礙地往生善處。

　　佛光山、正德會等都有義工團隊在殯儀館關懷誦經助念；其中幾位罹難者大體運回臺東，佛光山日光寺法師也前往助念。

　　除了佛教界，高雄道德院住持、臺灣首位女道長翁太明，號召百人組法師誦經團，至花蓮進行引魂、超度亡靈，在七、八日（頭六、頭七）連續兩天兩夜進行法事科儀，祈求亡靈永脫六道輪迴之苦。

　　《聯合報》報導，翁太明表示，這起重大交通意外後不久道德院發爐，經擲筊請示太上道祖，獲得指示，組團到花蓮超度亡魂。包括高市文武聖殿、新庄仔天公廟以及皈依弟子、太上道德慈善會會員等五十六個單位共百人組團，超渡法會地點在花蓮縣新城村新興二街附近重劃區空地；法會現場設有三百八十張普度桌，預計花費超過四百萬元。翁太明說，本次超渡法會全數經費由道德院支出，這是平

日信徒所捐贈的香油錢，這次用實質的行動發揮大愛精神。

亡者中有一名法國籍二十八歲的罹難者古查爾（De Guyenro Charles），他與女友原本計畫同遊臺東慶祝生日，沒想到兩人遇上死劫，魂斷異鄉。因古查爾的家人都在國外，目前尚未確定是否來臺；所以，法國在臺協會於五日與花蓮警方聯繫，派遣十名外籍天主教神父與神職人員，前往花蓮殯儀館進行祝禱；後續各項相關事宜，警方外事人員將持續協助法國在臺協會辦理。

助生者安心

不少亡者家屬前往指認時，痛哭失聲到需要人攙扶。傷亡者與家屬情緒一時之間難以平復，後續心理建設恐是條漫長的路。

據《三立新聞》報導，此次意外，除搜救團隊、醫界的動作迅速，第一線就把分流做好，讓傷重者獲得及時治療

亡者家屬前往現場指認，傷亡者與家屬情緒一時間難以平復，痛哭失聲到需要人攙扶（下）。招魂儀式進行時，現場民眾雙手合十替往者祝禱（上）。（圖片／達志影像）

外，更有民間單位貢獻專業力量與溫情，如花蓮家扶社工督導陳小姐就是其中之一。

她說，殯儀館情況相當悲傷、讓人難受，很多家屬像是「失了魂」般的無力；更有年邁父親指認出罹難的兒子後放不下，不斷地來到殯儀館等待兒子的遺體修復，直說「要帶他回家」。他們小組採三班制、每組六到八位社工，在殯儀館支援陪伴任務。因意外來得太突然，讓指認的任務相當急迫與艱難。他們現場能做的，就是陪伴、聆聽、協助協調；就算是一條手鍊、一只手錶，甚至是指甲油的樣式，都是珍貴的線索。

現場讓她衝擊的是，因部分罹難者遺體零碎不全，所陪伴的家屬看到了疑似親屬的手環，隨即哭著拿起手機照片對照，只求確認線索。陳督導看著家屬努力拿著照片比對、焦急地只想趕快尋回親人；那種失去家人的失落與悲痛，讓她感到「真的太強烈」！

陳督導說，他們的團隊會持續排班，盼盡一份心力、陪伴家屬走完最後一程。

此外，依《聯合報》報導，意外發生後，犯罪被害人保護協會成立「即時關懷」小組，總會、宜花東各分會人力

及志工，共計三十一人在現場一路陪伴傷者及罹難者家屬指認遺體，也協助家屬提出假扣押確保日後求償。

犯保協會指出，列車出軌造成強烈撞擊，現場遺體受損嚴重難以辨識，擔心家屬指認遺體時，產生情緒衝擊，花蓮地檢署與縣政府協調後，訂定「臺鐵 408 次家屬服務流程」，由犯保花蓮分會同仁先協助家屬透過照片指認，再由犯保人員、刑警、縣府社工陪同下確認遺體，最後再完成檢警筆錄、領取死亡證明書。

由於車軌事故釀重大傷亡，花蓮分會外部督導蔣素娥，同時是諮商心理師公會理事長，在事故發生後第一時間聯繫社工師公會理事長廖夏慧，派出多名諮商心理師到場關懷、陪伴家屬，犯保宜蘭、臺東分會也派遣人員協助。犯保協會董事長邢泰釗亦前往花蓮殯儀館了解現場情況與家屬需求。為確保家屬日後求償的權益，由犯保同仁協助家屬對肇事司機進行假扣押等保全程序，後續將用最速件方式彙整資料，向法院聲請保全程序，避免肇事嫌疑人脫產。

現場有志工們一路相伴，犯保各地分會將後續銜接關懷工作，包含陪同官司訴訟、創傷復原等，依照家屬需求提供適切服務。

臺鐵太魯閣號事故罹難者的公祭現場，慈濟人手捧心燈，祈願罹難者一路好走、家屬從悲痛中重生。（圖片／總統府辦公室）

照顧看不見的傷

——————————— 葉文鶯（慈濟月刊企劃撰述）

「妹妹，不要再去玩了，你要回來，跟爸爸回來了喔！」雨絲飄落在花蓮上空，宛如一群人的淚水。

他們在喊魂！一列無法平安抵達目的地的火車，中途遺落了四十九名乘客的性命，包括一位送往花蓮慈濟醫院搶救不治的小妹妹。

四月三日下午，花蓮慈院「志工老兵」、社會服務室副主任顏惠美，陪同負傷拄著枴杖的楊爸爸，站在事故地點的邊坡下招魂，幾支高舉的白幡在風中飄揚，楊先生與他的母親輪流擲筊，以確認這個來不及長大的小女孩已經跟著爸爸和奶奶「回家」。

住北部的楊先生帶著八歲、六歲的女兒乘坐火車，在事故發生前，他看著小姊妹在座位笑玩著，突來的

———————————————————————

花蓮慈濟醫院醫療志工顏惠美日日到楊先生病房探視、適時提供協助。（攝影／蕭耀華）

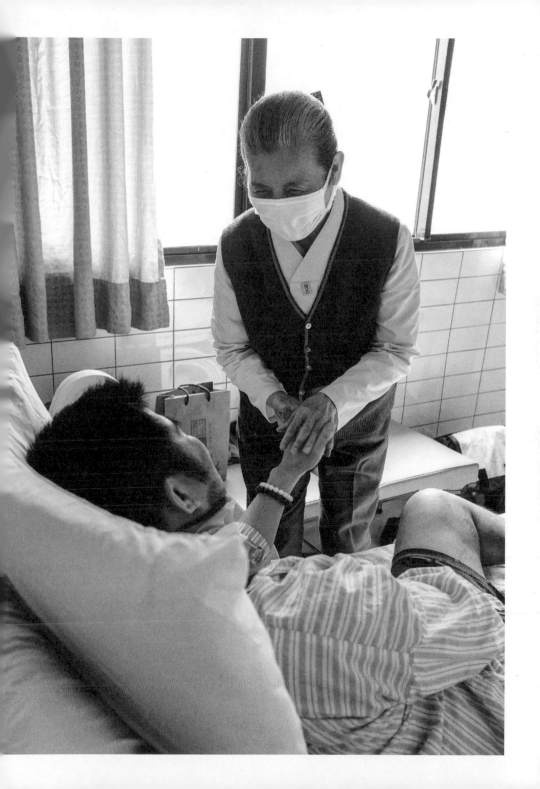

強力撞擊，她們被後方拋擲過來的乘客壓疊在座位下方，楊先生看不見她們！

凌亂的車廂內，有乘客不幸在瞬間往生，遺體下方壓著一些倖存者。當天趕往事故現場加入消防救護的慈院骨科醫師吳坤佶，當時判定楊先生手上抱著的小女兒還有氣息，優先轉送，父女三人被送往花蓮慈院救治。

顏惠美回顧當時在急診室，楊先生的大女兒因顱骨凹陷必須接受手術，小女兒則還在急診搶救，楊先生顧不得臉部、胸部和腳都受了傷，不斷撥打手機聯繫家人。

「顏師姑，小妹妹不行了！」醫護人員已經盡力卻留下遺憾，會同志工向家屬說明，楊先生聽聞噩耗，表情木然、不發一語。

「哭不出來的人更需要關懷。」在護理師為楊小妹整理遺容的同時，顏惠美引導傷心欲絕的楊爸爸宣洩情緒，準備和女兒話別。

「妹妹，爸爸在你身邊，你不用怕！」輕握女兒的手，他生怕女兒的身體再度破碎似地，說著：「你要

快樂地『去』，爸爸也會很好，你安心。假如你想我們，也可以回來看爸爸。你要快樂喔！」

經過縫合的那張小臉非常安詳，好像停留在與姊姊開心玩著的那一刻，楊先生摸摸小女兒的頭，留下不捨的祝福：「你要快樂喔！」

魂兮歸來！翌日，志工再到病房關懷，楊小妹妹的祖母說：「妹妹已經回來加護病房顧著她的姊姊了！」也許靈體更加自由且更具有能量吧？顏惠美順著家屬的話說：「是啊！」

麵線壓驚

回到事故當日，四月二日上午十一點多，花蓮慈濟醫院啟動「紅色九號大量傷患機制」，身穿紅、黃、綠色背心的醫護人員在急診大廳待命，依重傷、中傷、輕傷區別，快速接下疾馳而來的一輛輛救護車載來的傷患；醫療志工、靜思精舍常住師父、慈善訪視志工等陸續到達院區，在不干擾醫護搶救的情況下，適時補位。

顏惠美表示，在新冠肺炎防疫期間，醫療志工本來

只保留門診及門口防疫的服務，因應這次重大傷患特別啟動病房服務。

事故當天起，志工每日到病房探視，膚慰餘悸猶存的傷患，也適時因應病人及家屬的需要提供協助。可能出現「創傷後壓力症候群」的病人，身心醫學科並結合臨床心理師提供專業的心理輔導。

「我的心好痛……」與表妹同行的溫先生要返回臺東掃墓。「表妹是我救的！」他說，他當時用盡全力將表妹拉出來，他的手受了傷，表妹則因骨折，傷勢較嚴重，她的一對子女趕來分別照顧他們。

雖然慶幸死裡逃生，無法返鄉祭祖加上受傷，單身在外地工作的溫先生也許還為將來的生計發愁吧？顏惠美見他表情鬱悶，建議一起到表妹的病房唱唱歌，為她加油！

「你老哥來唱歌給你聽了！」顏惠美和幾位志工帶頭唱起〈那魯灣舞曲〉，正好巡房經過的慈院副院長何宗融和護理師也加入唱和。溫先生一開始勉為其難，後來也開口唱；骨折的表妹雖然只能臥床，卻用腳趾頭打拍子！

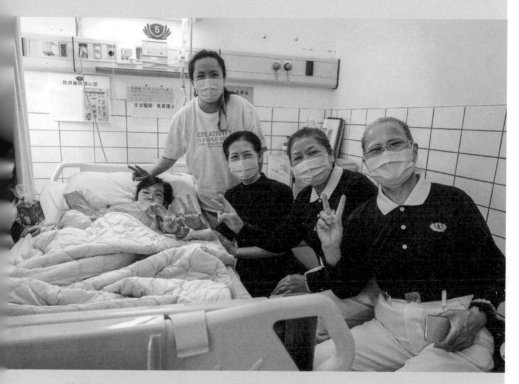

花蓮慈院共收治五十八位太魯閣號事故傷患，志工接力關懷住院者，持續送上祝福。(攝影／蕭耀華)

顏惠美說，表妹的隔鄰床住著一位原本自行返家的輕傷女士，在家連續兩天感到胸悶、無法安睡，只好再來住院。

顏惠美也邀請陪病的小朋友唱歌祝福阿姨早日康復，於是在高喊「阿姨加油！」之後，他們唱起：「一閃一閃亮晶晶，滿天都是小星星……」

來自病房的〈那魯灣〉、〈小星星〉歌聲，驅走意外受困於幽暗隧道帶來的驚恐與哀傷。

此外，志工也為事故傷患貼心準備麻油猴頭菇麵線，希望他們在心理上能夠「壓壓驚」，關懷行動相當暖心！

傾力扶持

事故後五日，花蓮慈院還有十七名住院傷患，其中住在加護病房的兩位，一位是楊先生的大女兒，術後逐漸在復元；顏惠美陪著楊先生去探視時，她還向他們揮手。

另一位骨盆腔多處骨折的女士，先生、兒子因第一時間受到輕傷而被送往國軍花蓮總醫院；為省去家人

兩邊奔波照顧，慈院行政人員透過聯繫協助轉院，待她轉到普通病房，一家人終於重新團聚。

為方便外地趕來照顧的家屬，慈濟基金會開放鄰近慈濟醫院的宿舍提供免費住宿，家屬既能就近照顧也能得到充分休息。

顏惠美說：「我們從一開始的一對一、到接力式的關懷，會照顧到他們出院回家，再由基金會宗教處轉介給各地的志工繼續陪伴。」

從搶救到膚慰，慈濟傾力扶持的愛不會間斷！

社工員奔向急難關懷第一線

———————————————— 陳麗安（慈濟月刊撰述）

　　面對如此重大的災害事件，受害者及家屬隨即面臨許多即時性和實際性的問題，包含就醫過程的食衣住行等生活需求、或者把罹難親人帶回家等後續事宜。

　　任職於慈濟基金會，擁有二十五年經驗的社工師陳珮甄回憶，事故發生後即著手慰問金發放事務，緊接著又趕往花蓮慈濟醫院關懷。陸續有家屬抵達殯儀館，「當晚殯儀館需要志工守夜值班，所以又前往支援，持續值班到隔天凌晨四點。」

　　陳珮甄就這麼支援了五天，期間最不忍的就是要家屬從一張張罹難者遺體照片指認出親友；有的家屬無法接受事實，有人憤怒尋不到親人，有人堅持要等DNA鑑定。家屬心慌悲慟，大受打擊，也有人在指認過程中身體不適而送醫。

　　「政府的社會救助科人員到慈濟服務處詢問志工能否陪伴就醫，我們除了安排交通，也一併聯繫花蓮慈

濟醫院的社服室，盡可能讓家屬在這過程中不要再產生額外的擔憂與煩惱，好比就醫費用或有無攜帶健保卡等瑣碎細節。」

陳珮甄說，面對這樣重大創傷事件，不論社工或志工，有時「無聲勝有聲」，適時提供貼心的幫助，靜靜的陪伴在一旁就是最好的安慰。

慈濟社工與志工在殯儀館擔任的角色，陳珮甄說明，主要是視情況照顧家屬的情緒與需求，並盡心串連找尋相關資源。

此外，也支持現場不同單位工作人員，不單設置飲食茶水，像遺體修復師「76 行者」團隊成員，倉促趕到花蓮投入工作，天氣轉變之間衣物不夠，志工便提供毛毯圍巾保暖。

「在現場，我們就是盡力而為，能幫忙就幫忙！」陳珮甄說道。

慈善和醫療攜手

事故中，傷患兩百餘人送醫，花蓮慈濟醫院第一時間就收治五十八人；由於復原狀況從短、中、長期都

有，除了縣府結合在地資源轉介免費住宿地點，慈濟也提供宿舍讓家屬就近照顧。

慈濟基金會社工師蔡惟欣說明，每天與傷患互動時，遇到的需求都不同，由於多數傷患是外地人，家屬趕來照顧，有些人訂不到車票返程，會協助訂票；傷患心繫遺失的隨身行李或手機，就聯絡相關單位尋找。

「有傷患在意外過程中眼鏡損壞，我們立即請經營眼鏡行的志工來協助配送新眼鏡，讓傷患獲得安全感。」

蔡惟欣說，慈濟醫院和慈濟基金會的社工人員合作，照顧傷患與家屬的生活層面；特別是慈濟基金會的社工人員持續與家屬互動，深度了解出院之後是否需要與社區的慈濟志工連結，在他們返家療養時能延續這分關心，給予適時援助。

「有些傷患後續需要復健，延伸出的可能是經濟或生活的困難，我們尊重並適時地詢問對方的意願。若有需求，我們就會搭起這條線，讓對方在醫院獲得安身外，回家鄉也能安心。」蔡惟欣說。

有位將出院回桃園的傷患，得知志工會繼續關懷後，

十分開心。傷患的外甥告訴蔡惟欣，舅舅本來想著，出院後沒有人關心了，所以心情有些落寞；現在很期待回家療傷，也等待志工來訪！

「我們的關心，就是從生活中的微小細節提供幫助，互動過程若發現需求，未來也結合醫療與慈善，甚至列入慈濟關懷戶長期陪伴。」

蔡惟欣強調，大家共同合作，「慈濟不會漏掉任何一個需要幫忙的人！」

寒風細雨中為你撐傘

———————— 梁嫣親（慈濟基金會慈善志業發展處）

當死神撞破了列車最後一道防線、我們趕到崇德火車站時，已看到師兄師姊在為三位罹難者助念。接下來被通知轉移到新城站，在卸下物資後，一位協調人員過來商議：「請慈濟協助布置運送遺體區，從月臺到這裡進行勘驗，全都需要遮蔽。」

當下的我覺得很不妙。新城車站封站，竟是為了轉送大體；這意味著，接下來運送到站的 408 次太魯閣列車的乘客，或許有許多已提前在生命的終點站下車了。

「大體十分鐘後抵達。」我們在月臺虔誠合掌祈禱，送罹難者最後一程。

有家屬心急如焚走進來，一位協調人員請我們去關心。我只是默默走到他們的身旁，此時此刻我能感受到他們的傷心痛苦，激動、焦慮、無法接受、對一切感到不真實⋯⋯

火車緩緩開進月臺，這是載著生命已逝的火車，沒有迎接的喜悅，空氣瀰漫著悲傷的氣息。家屬紅著眼眶，抱著渺茫的希望，一個一個車廂探頭往裡尋找親人。

　　「他們知道這裡沒有生還者嗎？」耳邊傳來車站人員的低語，沒有人敢上前去告知。

　　看著救護人員護送著一具具大體下車，地上有著滴下來的血水，我大口深呼吸，然後把原想拍照記錄的手機放進口袋。

　　我想，如果我是家屬，是不會想看到這畫面的。我不願讓家屬受到二次傷害，我選擇了合掌默念阿彌陀佛，祝福生者心安，亡者靈安。

　　從下午四點五十分助念到接近晚上七點，送出近三十具遺體。

　　我首次的災害援助，是沒有看到一位生還者，他們突然面對生命列車脫軌節奏下的無常，而我們所能做的是陪伴走這最後一程。

　　當下，每位志工都是他們生命終點的送行人，在心裡默默告訴他們，不要害怕，接下來我們會持續陪伴

你們的親人。

「我認不出，認不出啊！」在家屬指認區，有位家屬抱頭痛哭，準備第二次的遺體指認。很多戶家庭顫抖著翻閱一張張罹難者照片，個個情緒崩潰。

當內心颳起狂風暴雨

我之前有多次參與為劫後重生的人們進行諮商服務，以個人經驗和體會，短短幾小時諮商，其實無法發揮很大的效益。

我發現，自己卸下諮商與輔導的身分，以慈濟志工的角色，與案家一起「同在」，從災害發生當下，到後續的喪禮結束，彼此建立了關係，悲傷輔導的專業才開始療效，繼續陪伴案家重建一個失去摯愛的日常生活。

生命的殞落比一瞬間還迅速，總在猝不及防、還來不及意識，家屬就被迫接受難以理解的事實。第一次面對重大噩耗，不知所措的家屬，需要的是有人給予力量和引導該如何走下一步。

我們志工其實什麼都不能做，唯一能做的是讓家屬

知道有一群人是他們的後盾。就像從指認、招魂、助念、葬禮、追思、悼念，志工一直都在旁守候。

「吃吧，這是師父特製的便當，吃一口也好。」家屬一邊吃、一邊哭，我們用衛生紙擦拭家屬的淚水，輕輕拍拍他們。災害當下，我們陪著家屬一起等待、一起經歷悲慟、處理他們生活所需、適時遞水送餐、關心他們的體力、接送他們、在他們哭癱暈厥時攙扶和環抱他們。

「為什麼是我的孩子？樣子都變樣了，遺體不完整。」這次事故大部分罹難者是兒童、青少年，家屬對於英年早逝的生命無不扼腕與自責。

當家屬悲痛欲絕、激動，我們不要阻止，安靜陪著他們，讓他們盡情地痛哭，適時給予肢體的撫慰如擦拭淚水、拍拍肩膀、握著他們的手。

我們不是要減輕家屬的痛苦，而是減輕他們的孤單，陪伴他們在絕望中與逝者好好道別，陪著他們釋放痛苦的情緒，接受內心難以理解的事實。

「我想買一件新衣服給我的女兒換上。」志工二話不說，陪著家屬到市場採購。

「可以陪伴我們去招魂嗎？」志工動員伴隨家屬。

「謝謝您們到老家關懷我們。」殉職司機員的姊姊感恩豐原的志工迅速關懷。

「半夜十二點半抵達臺北二殯時，看到慈濟的師兄師姊已在二殯等候，為女兒助念。感恩慈濟在這件事中給予我的幫助。」一位失去獨生女的郭媽媽，傳信息給志工。

社區志工發揮了快速動員的力量。每一位罹難者的家屬帶著焦慮、難受、無法接受的心情，迫切想帶著親人回家，各地慈濟志工一路相隨相助，接力安定家屬慌亂不安的情緒。

孝順的小傑得知爸爸近期身體狀況不好，趁清明連假搭火車返家接爸爸到北部就醫，但爸爸這一等就是永別了。

小傑爸爸白髮人送黑髮人，傷心過度急速脫水，送往花蓮慈濟醫院。我們得知小傑爸爸一家經濟是需要協助，立即列入後續關懷名單。

我抬頭仰望細雨紛飛的天空說：「小傑，謝謝您讓我們知道家人需要經濟援助，慈濟會協助，請安心，

祝福您跟著佛號走向光明。」

　　從事發到現在，烙印在腦海是一幕幕當家屬需要時，志工總是在身旁伸出援手。我想起了十八歲時第一次面對痛失媽媽的經歷；當時我的內心狂風暴雨不停，我很希望有人能為我撐起一把傘，陪我走出風雨。如今，我成為撐傘人，志工會為罹難者的家人在這寒風細雨中撐起一把保護的傘，撐起一片晴空！

　　雨後不一定有彩虹，但志工持之以恆的愛和陪伴，會一直都在。

永遠記得他的好

「那一天，我打電話問兒子，是否有搭到火車？他說有。所以我十一點到臺東火車站載他，等到十一點半他還沒到，電話一直打、一直打，打得通可是兒子就沒有接。後來才看到火車出事了！心想完了，但是死傷名單中都沒有他，心裡期待他沒事，整晚無法入眠，隔天一早趕去花蓮，一眼就認出兒子，因為他的

五官特別，跟我很像……」

傷心的劉爸爸，四月四日上午十點半終於等到救護車送著孩子回家了；家人心碎地在臺東殯儀館等候，

（攝影／陳信安）

媽媽的眼淚沒有停過。面對慈濟志工的安慰，她說：「我知道不能哭，但眼淚就一直流出來，因為這是我的兒子啊……」志工陪著她再看看孩子，也不禁跟著落淚。

劉爸爸說，兒子從小到大沒有做過讓父母傷心的事，課業名列前茅，不曾去補習，零用錢都是獎學金得來的，畢業後還獲得固定的工作，「我一個這麼好的兒子就這樣走了。」

前來慰問的人群中有位年輕人，經葬儀社人員詢問身分，原來彼此並不相識，只是因為從新聞上看到與他同名同姓，覺得有緣，就專程從花蓮來弔唁，希望能安慰到他們一家人，這讓家屬感覺暖心。劉爸爸說，看到他時有點驚訝，聊了以後才發現年齡、身高都只差一歲與一公分。「有像我兒子，只是我兒子個性活潑外向，這位比較靦腆；但是，他有心來看我兒子，我感到開心。」當聽到對方喊他們劉爸爸、劉媽媽時，終於露出難得笑容。

這班列車的終點是臺東，臺東慈濟人有了兩年前6432 次普悠瑪號宜蘭出軌事故的經驗，四月二日當天

即刻成立防災協調中心，前往殯儀館搭帳棚，人力進駐；隨後，陸續有九名罹難者送回。臺東志工每天備妥茶水點心，讓家屬安心守靈，照顧現場的公部門、慈善團體、警察等人員，專心處理事務。

大聲哭出來就好

看著靈堂上一張張青春的遺容，經營葬儀社十年的林先生說，工作中接觸過無數往生者，以年邁者居多；「但這次都是年輕人，人生前景正美好，就這樣殞落。看到白髮人送黑髮人，心情沉痛。」

「這雙鞋子，是阿珍買給我掃墓穿的，她說穿這雙腳不會痛，走路比較好走；這件衣服也是她買的，她很孝順、很貼心。但是……女兒，沒法度陪我走了！」媽媽穿著女兒為她買的衣服、鞋子，望著、摸著，把女兒孝心全部攬在身上，道不盡對女兒的思念。

志工陳瑞凰看到媽媽憔悴的身影，輕輕牽起她的手，拍拍她的背，攬進懷裡，讓媽媽發洩心中的慟。志工送上慰問金，媽媽說：「我可以用我女兒名義再回捐給慈濟嗎？」她的兒子跟慈濟人說：「謝謝你們來陪

伴，讓媽媽哭，大聲的哭，哭出來總比悶在心裡好。」

四月八日，前往臺北受儲備士官訓的建致終於回家了。姊姊淡定地說：「再多的牽絆也已是兩個世界了，唯有真誠祝福建致去到一個好地方。」

建致的三姊說：「建致坐第六車廂，事發後家人前往現場，一直找不到他；招魂時，爸爸、姊姊都擲筊要他回家，但就是無筊。我就大聲喊，爸爸年紀大了，你不回應要一直待在這裡嗎？當下聖筊，隔天就找到遺體，其實弟弟很孝順。」

建致是家中最小也是唯一的男孩，大家都很疼他，三姊拿出手機跟志工分享告別式當天要播放的照片：「師姊你看，這個是建致小時候，這個是國中時，他手上抱的是我兒子；還有高中時，跟我女兒一起，這個是我帶他出去玩……」手指間敘述她倆深厚的姊弟情誼。

人間處處有溫情，她說：「我的家人在花蓮超商買東西時，客人就問說是不是罹難者家屬，家人說是時，客人一直安慰我家人，忍不住為建致落淚；超商店員說，東西請你們，不用算錢。」

志工把失去女兒的媽媽攬進懷裡，讓她發洩心中的痛，在場每個人也鼻酸不捨。（攝影／林素月）

「還有各單位一路把建致保護回到臺東。各界的關懷真的很足夠了，大家的愛、大家的溫暖我們都感受到了，尤其看到慈濟，真的心裡更安定。」

姊姊說：「目前不擔心，親人朋友都一直來看爸爸、安慰爸爸，但是怕弟弟出殯後，爸爸無法承受，無法面對弟弟已經走了的事實。我跟爸爸說不要忍，要哭出來，情緒釋放出來，不要弟弟倒了，最後你也倒了。」

二十年的姊弟情誼，千萬般不捨，也要轉化悲傷情緒。姊姊說：「考試可以重來，但是生命走了，今生就結束了。沒有人願意發生這種事，也沒有人可以預測；既然如此，就盡心力完成建致最後一程。要熬多久不知道，相信走著、走著，心裡的缺憾會過去的！」

用生命吶喊無常

二〇一八年十月二十一日下午，普悠瑪列車在蘇澳鎮新馬車站旁發生脫軌事故，造成十八人往生，兩百餘人受傷。當時臺東志工在殯儀館進駐將近一個月，和今日一樣的工作人員，一樣的民間團體、慈善機構，

大家一起膚慰陪伴往生者家屬。

雷同的事再次發生；耳畔迴盪著家屬痛苦的吶喊，場景就好像倒帶一樣如此清晰、如此相似。在災難中受苦的人們，彷彿是用生命在吶喊，一次次撼動著人們，體悟人生無常，身在平安中更要珍惜付出的機會。

每每傾聽傷者敘述事故經過，身心不得安寧的那種惶恐，我就回想起九二一大地震時，在歷經幾十秒上下震動、左右搖擺後，黑暗中聽到孩子在哭泣，腳踩著鮮血想爬也爬不起來……人逃出來，家成為危樓，最好的朋友一家四人都走了，整個世界都變了。

要走過心靈的黑暗，不是那麼容易；幸好心中有信仰支撐，看見慈濟，看見曙光，進入慈濟，再看見苦難，家屬的痛與不安可以感同身受，因為我走過無常，我痛過。

有多少家庭在至親逝去後，幸福不再圓滿了，家人帶著自責、傷痛印記努力地活著。無論受難者家屬是否願意接受慈濟陪伴，志工就是靜靜守在殯儀館，提供餐食茶水，若他們想說話時，就聆聽訴說痛楚，讓苦難有出口。而這分相伴的心意，會一直都在。

美善臺灣　溫暖人情

劉怡均（慈濟大學校長）

最近慈濟大學粉專貼出師生投入志工行列、膚慰傷亡者家屬並協助記錄的幾則訊息，許多學研界朋友紛紛來訊肯定，並問我如何「動員」？

這個世代的青年和戒嚴時代成長的我們不同，「動員」不得；「動員」不適當，有很多申訴管道，將驚動教育主管機關。故不能「動員」，只能「動情」，「動之以情」。

慈濟大學人文處劉議鍾主任及國際處的濟任師兄在各自的群組裡邀約連假留校的學生投入志工行列，付出一己之力，自利利他。我也請各院院長，帶領學生，同體大悲，學以致用。

很快地，各個不同的功能團隊組成了，依照意願，也接受調度，前往不同的現場協助。我和教授們當然會擔心，擔心年輕學生們缺乏經驗，越幫越忙；擔心心智尚未強健，受到創傷。各院院長和教授同仁們於

是親自陪伴，適時引導。

　　經過精舍大寮時，我問師父們，學生們洗菜、剝豆子剝得還好嗎？師父們笑咪咪地回答：「幫了很大的忙喔！」

　　在殯儀館現場，我看見大愛臺新聞部竹琪經理帶著一群傳播系學生，指揮他們為各家媒體記者朋友們遞紙送水，告訴他們這就是傳播系學生畢業後的工作型態；也教導他們如何拿起手機記錄，必定得尊重家屬的心情和意願，回歸人本的關懷與真實呈現。

　　學生們神情認真嚴肅，稍顯激動地告訴我，他們沒想到傳播系一年級就有機會上前線，好感恩。我希望他們能記得這前人領路的寶貴經驗，未來獨當一面時也能用心傳承。

　　另有一組學生跟著精舍師父及志工師姑師伯們前往家屬區膚慰。我在一旁觀察，他們很用心地學習；雖然青澀羞怯，但漸漸能把握時間點，在最需要時遞上拭去哀傷的衛生紙，傳上平心靜氣的一口水，以及加油打氣的拍拍背。

　　我聽著學生清亮純真的聲音，安慰著痛苦悲傷的家

屬，慢慢地得到家屬信任，主動向同學們開口提出需求。

當然，我會擔心學生的心承受不住這樣排山倒海的情緒，叮嚀他們要適時休息，學生們告訴我：

「竹琪老師都沒休息過耶，我們喊累就太遜了。」
「師姑師伯也沒休息呢，我們可以的。」

是啊，年輕人比我們想像的堅強；師長們如果太擔心學生承受不住，那麼也沒什麼理由抱怨我們的下一代「草莓」。

慈濟志工善的力量是臺灣的光榮。慈濟慈善基金會顏博文執行長曾表示，慈濟志工的五項特色是無償、自費、自假、自禮、自捐；以二〇一八年度而言，無償所產生的經濟價值超過一百二十億。然而，慈濟志工平均年齡漸長，如果慈濟大學的年輕學子們不能傳承這份可貴的志工精神，將會是未來社會善經濟的一大損失。

這次失事的列車上有七位慈濟主管及志工，均幸運無恙。在精舍聽他們向上人描述事發當時的情景，都提到了一個共同的特點——「溫暖人情，平靜扶持。」

列車出軌後，失去電力，車廂內一片漆黑，但是乘客們都很平靜，互相問候身旁的人們，「你還好嗎？」

漸漸地，車廂內因為失去空調，空氣品質變差；年輕力壯的乘客會主動想法子破窗，這並不容易。車廂彎曲了，黑暗中看不到擊破點和小槌子；於是，有人拿手機照明。

張聖原策略長告訴我，在他所乘坐的第七車廂，三位年輕人花了很久的時間，才把窗子敲出裂縫，空氣才得以進來。

接著，走出車廂，在黑暗的隧道裡等待救援；大家會互相提醒，手機的電省著用，接力照明，因為不知要等到何時才能獲救。

丁章權師兄在撞擊的瞬間失去意識，陳珀玲師姊將他喚醒；醒來後第一件事，便想找手機報平安。行李物品掉落滿地，微光的車廂裡，居然有許多乘客憑著描述就幫他找到了手機傳遞回來。想像那場景，傳遞的不僅是手機，更是人與人之間的貼心互助。

災難發生，當取教訓；歸責之時，更要散播臺灣的美善和溫暖！

0402臺鐵
408次太魯閣號事故
慈濟關懷日誌 整理·顏婉婷

臺九線仁水隧道
清水隧道北口

崇德車站

▶ **事件說明**

◎ 4月2日9時28分408車次（樹林往臺東）於花蓮縣清水隧道北口，撞上掉落在軌道上的工程車，發生出軌事故，也就是在崇德到和仁之間路段。第1～3車車廂在隧道外，4～8節車廂在隧道內

◎ 乘客及乘務人員共498人，49人罹難，218人輕重傷，分別送往花蓮、羅東等醫院

新城車站

▶ **救災統計4/2～4/9**

◎ **物資發放**

熱食便當：3112份

麵包饅頭：500份

熱飲冰飲：58桶

福慧珍粥：90箱

圍巾：749條

毛毯：100件

福慧床：48張

隔屏：37張

慰問金致贈90人次

動員志工：3012人次

服務地點：仁水、清水、崇德、新城、花蓮市立殯儀館、靜思精舍、花蓮慈院、臺東等外區

靜思精舍

崇德
Chongde

照片提供／呂學正

慈濟醫院

花蓮市立殯儀館

4月2日

○ 9時28分事故發生，9時31分花蓮縣消防局接獲第一通報案電話，為一名女性乘客所撥打，因緊急無法說明地點；9時35分消防署119緊急報案專線，確認事故地點

○ 10時33分中央災害應變中心正式發布事故訊息，11時花蓮慈濟醫院急診部接獲花蓮縣消防局無線訊息，啟動大量傷患緊急醫療救護機制，醫療志業林俊龍執行長偕同急診醫護人員，搭院內救護車前往現場支援，初步檢傷救治

○ 11時04分慈濟基金會「0402臺鐵408次太魯閣號事故」防災總指揮中心於靜思精舍正式成立，常住二眾、清修士、職工及志工總動員，投入援助工作

○ 花蓮慈院11時26分發布全院「紅色九號大量傷患機制」，由於事故現場救災難度大，被救出後第一時間送達急診室的多為輕度或中度傷患，直至下午1時57分起，在短短12分鐘內，連續6輛救護車抵達，送來3位重度傷患，包括1位OHCA女童。因應傷患大量增加，於下午2時12分發布第二次「紅色九號」。前後啟動兩次大量傷患機制，總支援人次近千人，收治58人，包括33位輕傷、17位中傷、8位重傷；重傷病患，1名OHCA患者在急救後往生

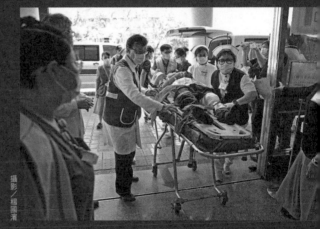

攝影／楊國濱

○ 志工趕抵事故現場，11時28分開始發送麵包、飲水給乘客與救災人員；14時傷者與罹難者送崇德車站初步檢傷，慈濟志工在場協助

○ 靜思精舍常住眾12時15分先送出第一批便當，此後連續多日挑起餐食製作重任

○ 下午2時33分，因應事故現場指揮，以火車送遺體至新城車站，再接駁至殯儀館，志工於新城車站布置臨時停靈區，為往生者助念

○ 救災工作徹夜進行，志工送去便當、運動飲料等物資，照顧搜救與臺鐵搶修人員

○ 下午5時，志工抵達花蓮市立殯儀館現場，與縣府人員了解狀況，晚間8時慈濟正式在殯儀館設站；罹難者遺體陸續送抵殯儀館，縣府提出需要慈濟陪伴並接送家屬，志工以每2小時一班輪值，漏夜安慰悲痛家屬

4月3日

○ 4時30分起，精舍常住眾開始準備饅頭、麵包、豆漿、杏仁漿，先送早餐，持續準備午晚餐，送至殯儀館現場與仁水隧道，提供罹難者家屬、縣府人員、鐵公路局人員、殯葬業者、媒體記者及志工。天氣炎熱，增加補充冷飲或冰塊，提供冰毛巾

○ 慈濟環保輔具平臺大串連，由桃園、臺北、宜蘭集結輪椅、助行器及手杖等輔具，11時送抵花蓮，供傷患申請使用

○ 下午1時，社工人員與志工於殯儀館關懷罹難者家屬並致贈慰問金

○ 下午2時，花蓮縣府安排6部遊覽車讓家屬搭乘前往現場招魂，精舍法師、清修士及志工分組陪伴家屬，期間飄落微雨，提供家屬雨衣和雨傘

○ 下午3時到5時，配合花蓮縣政府民政局安排，8位精舍法師帶領約100位志工為往生者助念祝福

○ 家屬陸續護送遺體返回居住地，宜蘭、臺東、臺北志工接力關懷，即使深夜也在殯儀館陪伴家屬迎靈；臺東志工因為有過2018年普悠瑪出軌事故的關懷經驗，即刻設立服務站，排班關懷

攝影／廖文聰

4月4日

○ 緊急搜救工作告一段落，事故現場回歸鐵路局災區復原工程；當地交通與餐飲不便，持續供應在場媒體人員便當

○ 家屬持續在殯儀館認領遺體、等待遺體修復，精舍法師與慈濟志工關照身心。除了準備午晚餐，傍晚天氣轉涼，也增加供應熱飲，並分送毛毯與圍巾禦寒

○ 開始有家屬入住慈濟宿舍，就近照顧住在花蓮慈濟醫院治療的傷患

攝影／詹進德

4月5日

持續於殯儀館陪伴罹難者家屬，提供家屬、縣府人員、臺鐵人員等餐飲照顧；花蓮慈濟醫院進駐成立「安心服務站」，身心科醫師、中醫師聯合幫助罹難者家屬、救難人員、警消人員、工作人員等，減緩創傷症候群。現場以隔屏設立安靜空間，營造心理療癒環境，也施予簡易中醫治療，舒緩壓力，減輕疼痛

攝影／葉宣伶

最後一位罹難者遺體卡在第六車廂下，經過連日搶救，在下午3時15分移出，志工列隊助念

救災人員、警察、臺鐵工程人員及刑事鑑識人員連日辛勞，身心壓力沉重，致贈祝福安心禮

4月6日

家屬陸續返鄉，殯儀館人數雖然減少，但每天仍有百個便當需求，慈濟服務站維持關懷量能，持續與慈院團隊共同照顧駐警人員、檢察官、臺鐵人員

「76行者遺體美容修復團隊」陸續有一百多位遺體修復師自全臺來輪班，不分日夜，希望盡快修復遺體讓家屬把家人帶回，承受高度的時間壓力，志工持續提供毛毯、圍巾、福慧床、飲品等，並由中醫師治療解除疲勞

兩組家屬返回事故現場招魂，精舍法師和志工陪伴

4月7日

殯儀館慈濟服務站與慈院醫療團隊持續照顧各方需求。宜蘭、臺北、桃園、臺中、臺南、臺東等地慈濟志工也相繼動員，接力關懷罹難者家庭。

4月8日

花蓮市立殯儀館慈濟服務站撤場

花蓮慈濟醫院為「76行者」志願團體中被針、骨頭等扎傷者施打破傷風疫苗、治療傷口，並為所有成員抽血採檢，將追蹤半年，守護這群遺體修復師健康

靜思精舍於晚間7時30分拜誦《普門品》，祈福亡者靈安、生者心安。全球33個國家地區、93個社區道場及個人上線，逾11,000人次參與

4月9日

慈濟於花蓮市立殯儀館的供餐服務，於本日中午圓滿，後續由臺鐵及花蓮縣政府社會處接手

臺東殯儀館慈濟服務站撤場

別怕，有我們在—太魯閣號事故紀實

創 辦 者：釋證嚴
發 行 者：王端正
平面總監：王志宏

編 著 者：慈濟人文志業中心
美術指導：邱宇陞
圖片主編：黃世澤
責任編輯：賴志銘
出 版 者：經典雜誌
　　　　　11259 臺北市北投區立德路 2 號
客服專線：02-28989898
傳真專線：02-28989993
郵政劃撥：19924552　經典雜誌
印 製 者：禹利電子分色有限公司
經 銷 商：聯合發行股份有限公司
　　　　　新北市新店區寶橋路 235 巷 6 弄 6 號 2 樓
　　　　　電話：02-29178022
出 版 日：2021 年 04 月初版 1 刷
定　　價：280 元